나는 머슴으로 살고 싶었다

해향(海向)의 팡세

임동헌 지음

쿰란출판사

나는
머슴으로
살고 싶었다

머리말

언젠가 이런 말을 들었습니다.

"세상에 태어나 자신의 글을 자신의 키 높이만큼 쓴다면 얼마나 보람 있겠습니까!"

내가 써놓은 글을 책으로 모두 펴낸다고 해도 내 키 높이의 1/10에 불과할 테니, 이제 시작이라고 생각합니다.

나는 30년 전 기독교광주방송국의 '나의 5분간'이라는 라디오프로그램을 통해 10년간 청취자들과 만났습니다. 그 후 목양지에서 20년간 내 생각과 의견을 글로 성도들과 함께 나눴습니다. 초기 방송을 위해 10년 동안 쓴 원고는 소실되었지만, 20년 동안 모아 둔 자료가 있어 그것을 편집해 이번에 책을 펴내게 되었습니다. 5년 전부터는 동료들과도 내 글을 나누었는데, 그들도 책을 내보는 게 어떻겠냐고 자주 권유해 용기를 냈습니다. 아울러 은퇴와 함께 자료를 정리해 두기 위해 책으로 남기려 합니다.

이 글은 여러 가지 주제와 현실의 문제를 다루었고, 전적으로 내 입장에서 쓴 것이기에 공감이 되는 것도, 그렇지 않은 것도 있을 것입니다. 말 그대로 '잡문(雜文)'이라고 할 수 있습니다. 혹시 '이건 아닌데…' 하는 마음이 들면, '이런 생각을 하는 사람도 있구나' 하고 양해 바랍니다.

평소 나를 지탱해 주는 말씀은 세례 요한의 고백인 요한복음 3장 30절 말씀으로, 이것은 내 삶의 좌우명이기도 합니다.

"그는 흥하여야 하겠고 나는 쇠하여야 하리라."

'주님의 나라가 흥하기 위해 나는 어떻게 해야 하는가' 하는 물음에 바울 사도의 사역 철학인 고린도후서 4장 5절의 말씀을 섬김의 방법으로 삼고 있습니다.

"우리는 우리를 전파하는 것이 아니라 오직 그리스도 예수의 주 되신 것과 또 예수를 위하여 우리가 너희의 종 된 것을 전파함이라."

그래서 나는 날마다 주님께 고백합니다.

"주님, 저는 주님의 종입니다. 그리고 주님의 주 되심을 전파하기 위해 사람들의 종으로 살고 싶습니다."

그리고 이 말을 바꿔 이렇게 기도드리기도 합니다.

"주님, 저는 머슴입니다. 주님의 머슴이요, 사람들의 머슴입니다. 그런데 그게 잘 안 됩니다. 저도 모르게 주인 노릇을 하는 저를 용서하시고 바로잡아 주옵소서!"

제가 평소에 생각하고 쓴 모든 글을 주님께 바칩니다.

2025년 9월
샬롬 모퉁이 방에서
해향(海向) 임동헌

목차

머리말 • 4

1부 무엇을 보는가?　　　　　　　　　　　　　　　9

시작을 앞둔 끝자락 • 불가능한 꿈을 꾸라 • 용서의 다리 • 인생 경영 • 언어의 품격 • 가정의 달에 부쳐 • 붉어진 얼굴 • 무엇을 보는가? • 아슬아슬한 인생 • 진짜 성공 • 여름 • 에펠탑 효과 • 불가능의 의견 • 신앙 노숙인 • 잘 죽는 것 • 성품과 성공 • 나를 잘 아시는 주님 • 스트레스의 힘 • 인생의 일단 정지 • 빼기의 인생 지혜

2부 삶의 다이어트　　　　　　　　　　　　　　　59

희망 고문 • 삶의 다이어트 • 곱하기 인생 • 빼앗긴 봄 • 직업(職業) • 옷 잘 입는 사람 • 감사의 가성비(價性比) • 얼씨구 심리 • 새벽이슬 같은 노인(露人) • '시간 나서'와 '시간 내서' • 손해 보는 즐거움 • 든 자리, 난 자리 • 소시오패스 신앙 • 내가 답이다 • 교회에 필요한 세 가지 액체 • 죽기 살기로 걷자 • 대문자로 시작하는 말 • 버릴 줄 아는 지도자 • 완벽을 추구하는 사람들 • 거짓말 • 사실과 진실의 차이

3부 인가귀도(引家歸道)　　　　　113

우민화 • Gab-jill & Kkon-Dae(갑질과 꼰대) • 자존감과 자존심 • 레밍(Lemming) 현상 • 내 곁에 있는 사람이 바로 나다 • 뇌피셜과 지피셜 • 유구무언과 유구불언 • 공백과 여백 • 유품 정리 • 음표와 쉼표 • 명성과 명예 • 지나친 배려 • 후견지명과 선견지명 • 인생의 최단 거리 • 돈 냄새 • 시간 갑질 • 인가귀도(引家歸道) • 고독과 괴로움 • 잘 지는 신세 • 감정 기억

4부 말씀 읊조림　　　　　157

감사에서 감탄으로 • 바꿔쓰기 • 억척과 악착 • 올드머니 룩(oldmoney look) • 감사를 넘어 감격으로 • 아픔의 이해 • 얼굴 • 나다움과 아름다움 • 감정의 전후좌우 • 귀티와 빈티 • 뽀모도로(Pomodoro) • 언격(言格) • 안전한 이별 • 삼인성호(三人成虎) • 혼잣말(self-talk) • 말씀 읊조림 • 관계 르네상스 • 받은 것과 물든 것 • 머슴살이 • 넘사벽 • 스몰토크(small talk)

5부 인상(人相)과 인상(印象)　　　　　205

인상(人相)과 인상(印象) • 자기성찰과 훈련 • 약함의 축복 • 장애는 아름답다 • 마음에 새기는 '첨단비전2020' • 인생의 벼랑 끝에서 • 시대를 분별하라 • 격조 있는 조롱 • 비타민A 결핍증 신앙 • 플루스 울트라(Plus Ultra) • 작은 일과 사소한 일 • 영혼을 헤치는 세 구멍 • 체읍(涕泣) • 칭찬의 처세 • 사이좋은 사이 • 영적 도파민 중독 • 열패감 • 질 나쁜 인격 • 개인독립만세!

1부
무엇을 보는가?

시작을 앞둔 끝자락

세밑은 우리에게 주어진 한 해의 마지막 정리의 기회이자 새로운 한 해를 맞이하는 소중한 날이다. 한 해의 마지막 날을 보내는 마음은 아쉬움과 기대가 교차된다. 금년은 여느 해보다 이런 교차의 마음이 큰 것 같다. 그러나 성경에서 주는 교훈의 말씀이 마음을 진정시킨다.

"이미 있던 것이 후에 다시 있겠고 이미 한 일을 후에 다시 할지라 해 아래에는 새것이 없나니"(전 1:9).

인생을 살다 보면 인간 세상에서 일어나는 일이 새삼스럽지도 않으며, 흥분되는 것도 없는 것 같다.
그러나 하나님께서 하시는 일을 생각하면 기대와 흥분을 가라앉힐 수가 없다. 사도 요한은 밧모섬에서 하나님의 묵시를 받아 요한계시록을 기록하며 흥분된 마음을 이렇게 표현하고 있다.

"또 내가 새 하늘과 새 땅을 보니 처음 하늘과 처음 땅이 없어졌고 바다도 다시 있지 않더라"(계 21:1).

이 땅에서 일어나는 것들은 모두 예전에 있던 것들이 반복되는 것들뿐이다. 그러나 하나님이 계획하시는 하늘에서 이루어지는 것들은 새로운 것들로 가득 차 있다.

믿음의 눈을 가진 사람의 삶의 특징은 하나님 나라에 대한 소망과 경이로움이다. 학개서에 성전건축을 16년이나 중단하고 자신들의 삶에만 도취되었던 백성에게 하나님은 경고하셨다.

그 말씀에 백성들이 감동되어 성전 재건에 힘썼다. 그런데 '감동'이란 히브리어의 뜻은 '흥분'을 의미한다. 하나님의 일을 감당하는 것은 흥분되지 않고는 불가능하다. 경이로움이 없이는 불가능하다.

그러면 하나님 나라의 경이로움으로 살아가는 사람들은 이 땅에서 어떻게 살아가야 할까? 바울 사도는 그의 일생을 마감하면서 이렇게 고백한다.

"나는 선한 싸움을 싸우고 나의 달려갈 길을 마치고 믿음을 지켰으니"(딤후 4:7).

그리스도인의 삶은 끝이 좋아야 한다. 끝이 좋기 위해서는 삶의 과정에서 올바르고 선하고 진실하게 살아야 한다. 그런데 살다 보면 탐심이나 미혹의 길에 빠져 인생의 끝에 낭패를 당하기도 한다.

"사슴을 좇는 자는 토끼를 돌아보지 않는다"라는 격언처럼 하나님 나라를 향해 달려가는 자는 '토끼'와 같은 하찮은 세상의 것에 연연하지 않아야 한다. 이 땅에서 순례자로 살아가는 성도는 이기적인 세상의 상식이나 속물적 기준에 매여서 일희일비하지 않는다.

세밑의 끝자락에 선 지금, 인생의 끝자락을 바라보며 살아가는 지혜를 갖자.

2017년 12월 31일

불가능한 꿈을 꾸라

"묵시가 없으면 백성이 방자히 행하거니와"(잠 29:18)라는 말씀은 '꿈이 없는 백성은 망한다'는 말씀이다. 묵시는 꿈을 가리키는 말이요, 방자히 행한다는 말은 망한다는 뜻이다. 인간은 평생 꿈과 함께 살아가야 한다. 그러나 꿈은 현실이 아니다. 그러기에 때로는 허황된 것처럼 보인다.

사람들은 꿈을 간직하고 사는 사람들을 '분수도 모르는 사람'이라고도 하고, '되지도 못할 일을 꿈꾼다'라고 한다. 요셉은 하나님께서 주신 꿈을 꾸었다. 요셉은 자기가 꾼 꿈 때문에 형들에게 '꿈쟁이'라고 놀림을 받고 미움을 받았다. 결국 형들의 손에 종으로 팔렸다. 그래서 사람들은 꿈을 즐겨하지 않는다. "어차피 꿈은 꿈일 뿐"이라고 한다. "이루지 못할 꿈은 꾸지 않는 것이 낫다"라고 한다.

그러나 꿈이 없는 사람들에게는 희망이 없다. 꿈은 희망이다. 희망을 주지 못하면 꿈이 아니다. 꿈은 사람을 설레게 한다. 그래서 단순히 꿈을 갖는 것만으로도 고무될 수 있다.

꿈은 인생을 흥미진진하게 만들며, 사람의 감성을 자극한다. 꿈은 머리로는 이해되지 않지만, 가슴을 쿵쾅거리게 한다. 그러므로 꿈을 꿀 때는 그것을 달성했을 때를 상상하면서 소름이 돋는 그런 꿈을 가져야 한다. 꿈을 생각하면 가슴이 뛰어, 자다가도 벌떡 일어날 수 있어야 진정한 꿈이다. 좀 아득하고 불분명한 꿈이라도 좋다. 지루하거나 평범하거나 낡아빠진 꿈은 안 된다. 꿈은 당장 달성하기에 불가능하기 때문에 꿈인 것이다.

어떤 사람은 한 걸음만 내디디면 갈 수 있는 것을 꿈이라고 말한다. 달성 가능성이 높은 것은 꿈이 아니다. 달성이 불가능해 보일수록 제대로 된 꿈이다. 그러기에 꿈을 가진 사람들에게는 항상 실패가 도사리고 있다.

꿈이 있다면 실패를 각오해야 한다. 꿈을 이루기 위해서는 실패와 공존하는 법을 터득해야 꿈을 이룰 수 있다. 더 많이 시도하고, 더 많이 노력하며, 실패에 실패를 거듭할수록 값진 꿈을 이룰 수 있다. 칠전팔기의 정신과 백절불굴의 뚝심이 꿈을 이룰 수 있다.

"대저 의인은 일곱 번 넘어질지라도 다시 일어나려니와"(잠 24:16).

이것이 하나님의 사람들의 특징이다. 우리는 확신한다.

"박해를 받아도 버린 바 되지 아니하며 거꾸러뜨림을 당하여도 망하지 아니하고"(고후 4:9).

그리스도 안에서 망하지 않는 꿈을 간직하며 살아가자.

꿈이 없는 백성은 망한다.
꿈이 있는 백성은 망하지 않는다.

2018년 2월 4일

용서의 다리

인간은 관계 속에서 살아간다. 관계는 쌍방적이어야 한다. 어떤 인간관계든지 일방적일 때는 올바른 관계를 가질 수 없다. 부모 자식의 관계도 혈연은 끊을 수 없지만, 일방적일 때 원만한 관계를 유지할 수 없다.

모든 인간관계는 쌍방적이어야 소통할 수 있다. 하나님은 우리에게 일방적으로 사랑하라고 하지 않고 서로 사랑하라고 가르치신다.

"너희가 진리를 순종함으로 너희 영혼을 깨끗하게 하여 거짓이 없이 형제를 사랑하기에 이르렀으니 마음으로 뜨겁게 서로 사랑하라"(벧전 1:22).

용서는 인간관계에서 다리와 같다. 강 저편에 건너가려면 다리를 건너야 하듯이 인간관계의 소통은 용서의 다리를 놓고 건너가야 한다. 내가 상대를 용서해주고, 나도 상대방에게 용서를 구하고 용서받을 때 비로소 교감이 이루어지며, 교제가 이루어진다.

화란의 평신도 지도자 코리 텐 붐은 이렇게 말했다.

"다른 사람을 용서하지 못하는 사람은 자신이 반드시 건너야 할 다리를 무너뜨리는 것이다."

용서는 사람과 사람 사이의 신뢰를 굳게 해주는 다리와 같다. 그러나 자존심을 내려놓고 용서를 구한다는 것이 쉽지 않다.

"제가 틀렸습니다. 제가 실수했습니다. 제가 마음을 바꿨습니다"라고 말하면 사람들에게 더 많이 존경받게 된다. 그러나 그렇게 말하는 사람은 많지 않다.

용서를 구하는 데는 용기가 필요하다. 용기를 내어 '내가 틀렸다'라고 인정하면 사람들로부터 존경을 받게 될 것이다.

다리가 견고하면 아무리 큰 트레일러도 건너갈 수 있다. 그러나 휘청거리는 구름다리는 한 사람도 건너가기가 쉽지 않다. 끊긴 다리는 그 누구도 건너갈 수 없다. 하나님과 사람 사이의 사닥다리도 마찬가지다. 야곱은 젊어서 보았던 '천사가 오르락내리락했던 사닥다리'를 그의 나이 130세가 되어 겨우 용서를 통해 건널 수가 있었다 (창 47:9).

주님은 제자들에게 기도를 가르쳐 주시면서 부록으로 용서하라고 첨언하신다.

> "너희가 사람의 잘못을 용서하면 너희 하늘 아버지께서도 너희 잘못을 용서하시려니와 너희가 사람의 잘못을 용서하지 아니하면 너희 아

버지께서도 너희 잘못을 용서하지 아니하시리라"(마 6:14~15).

  용서하지 않는 것은 관계의 다리를 끊는 것과 같다. 용서는 끊어진 관계의 다리를 연결하는 통로와 같다.
  용서를 통해 끊어진 다리를 연결하여 소통의 관계를 회복하자.

2018년 2월 18일

인생 경영

　인생은 경영이다. 자신의 삶을 어떻게 준비하고 어떤 마음가짐으로 사느냐에 따라 삶이 달라진다. 어떤 경우에도 자신의 삶에 대한 변명은 부질없는 것이다. 대부분 사람들은 자신의 인생을 주위의 환경과 타인의 탓으로 돌린다.
　'내가 저 사람만 만나지 않았더라면…', '내가 이런 시대에 태어나지만 않았더라면…' 하는 식이다. 그러나 그런 변명과 탓은 아무 소득이 없는 자기변명과 연민에 불과하다. 그러면 인생 경영을 어떻게 해야 하는가?
　잠언 16장에서는 인생 경영의 세 가지를 말씀한다.
　먼저는 마음의 경영이다. 곧 마음을 다스리라는 말이다. 사람의 말과 행동은 마음에서 비롯된다. 그런데 사람들은 '마음만 먹었을 뿐인데…' 하는 식이다. 양심의 자유를 내세우며 자신의 마음이 욕망의 노예가 되어 끌려다니도록 내버려 둔다. 마음 경영이 중요하다.
　다음은 말의 경영이다. 우리의 몸은 내가 하는 모든 말을 다 믿는다고 한다. 아무 생각 없이 한 말에 따라 우리 몸은 무의식 속에서 그대로 작동한다.

마지막으로 사람 경영이다. 잠언에서 이렇게 말씀한다.

"여호와께서 온갖 것을 그 쓰임에 적당하게 지으셨나니 악인도 악한 날에 적당하게 하셨느니라"(잠언 16:4).

악한 사람과 선한 사람이 처음부터 구별되어 있는 것이 아니다. 악한 사람도 사용할 줄 아는 사람 경영이 필요하다.
그러나 인생의 경영은 하나님께 있다.

"사람이 마음으로 자기의 길을 계획할지라도 그의 걸음을 인도하시는 이는 여호와시니라"(잠 16:9).

사람은 자신이 가장 선하다고 생각한다. 그러나 하나님 보시기에는 그렇지 않다.

"사람의 행위가 자기 보기에는 모두 깨끗하여도 여호와는 심령을 감찰하시느니라"(잠 16:2).

그래서 성경은 인생의 경영을 하나님께 맡기라고 말씀한다.

"너의 행사를 여호와께 맡기라 그리하면 네가 경영하는 것이 이루어지리라"(잠 16:3).

이것은 자기 삶에 대한 무책임이 아니다. 전능하셔서 모든 일을 이루는 능력이 있으신 전능자를 의탁하는 것이다. 이것은 하나님의 생각이 나보다 월등하다는 것을 알기에 내 인생을 하나님의 작품으로 만들기 위한 위탁이다.

　결국 인생 경영은 신앙 경영으로 귀결된다. 내 시선을 하나님께 고정시키고 하나님께서 행하시는 대로 나아가자. 그러면 인생 경영은 성공할 것이다.

2018년 3월 11일

언어의 품격

 언어에는 말하는 사람의 품격이 담겨 있다. 조리 있게 하는 말, 부드러우면서도 핵심이 있는 말, 감정이 격해서 하는 말, 욕설과 같은 쌍스러운 말, 보통 사람이라도 입에 담지 말아야 하는 말 등 말은 말하는 사람의 품격을 나타낸다.
 그런데 요즘 입담 좋다는 사람들이 도저히 용납될 수 없는 말들을 거침없이 쏟아내는 것을 보면서 이 시대의 타락의 정도를 보는 것 같다. 이것은 단순히 자극적인 언어가 아니다.
 말은 그 시대의 정신과 사람들의 생활양식을 대변하는 것이라면, 분명 요즘 사람들이 유행처럼 쓰고 있는 말들을 들으면 품격이 바닥을 치고 있는 것이 분명하다.
 중국 당나라의 '신당서 선거지'에 따르면 사람을 등용하는 기준으로 신언서판(身言書判)을 보았다. 먼저는 용모를 보고, 다음으로는 말을 듣고, 그다음 문장과 서체를 보고, 마지막으로 판단력을 통해 사람 됨됨이를 판가름한다는 것이다.
 언어 품격의 격조를 이렇게 판단할 수 있다. 먼저는 상대방을 어떻게 대우하며 말하는가이다. 그리고 상황판단을 하여 그 자리가 어떤 자리인가를 알고 말하는가이다. 마지막으로는 자기의 입장과 자기의 말만 늘어놓는 것이 아닌, 자리에 함께한 모든 사람이 공유할 수 있는 것을 화제로 삼아 말하는가이다.

반대로 '나는'으로 시작되는 자신을 나타내는 말은 듣는 사람에게 반감을 일으킨다. 그것은 설득이 아니라 자랑이 될 수 있기 때문이다.

예수님은 십자가를 지시면서 일곱 마디의 말(架上七言)을 남기셨다. 먼저는 자신의 감정에 솔직했다. "목마르다", "엘리 엘리 라마사박다니"와 "내 영혼을 아버지 손에 부탁하나이다"라는 솔직한 자기표현이다.

그리고 나머지 모든 말씀은 상대방을 배려하고 당시 상황에 꼭 필요한 말씀이었다. 한 편의 강도에게 "오늘 네가 나와 함께 낙원에 있으리라"라고 하시면서 영혼 구원을 선포하셨다. 사랑하는 제자에게 어머니 마리아를 부탁하신 말씀은 자신이 십자가를 지시면서도 얼마나 육신의 어머니를 배려하는 말씀인가!

"저들의 죄를 사하여 주옵소서"와 마지막 말씀인 "다 이루었다"라는 말씀은 인류 구원을 이루신 자기 사명의 완성을 의미하는, 메시아이신 그분만이 하실 수 있는 말씀이다.

사람들은 자기가 하고 싶은 말만 한다. 주님은 꼭 해야 할 말씀을 하셨다.

고난 주간을 맞이하여 우리 모두 내 말의 격조를 높이자.

2018년 3월 25일

가정의 달에 부쳐

　5월에는 가정과 관련한 많은 행사가 있다. 5월 5일 어린이날, 5월 8일 어버이날, 5월 21일 부부의 날, 5월 셋째 월요일은 성년의 날이 있다. 그러나 이렇게 가족을 챙기는 건 인간뿐만이 아니다. 가족애가 넘치는 동물들도 있다.
　늑대는 동물에게는 흔치 않은 일부일처제를 평생 유지하는 것으로 유명하다. 부부가 무리를 이끌며 수컷은 사냥을, 암컷은 육아를 담당한다. 부부 중 어느 한쪽이 죽기 전에는 바람을 피우지 않는다고 알려져 있으며, 한쪽이 죽어서 재혼하더라도 기존 배우자의 자식을 끝까지 책임지고 키운다.
　곰이 자기의 가족을 해치면 물불을 가리지 않고 공격할 정도로 늑대는 가족애가 유별나다. 이렇게 동물까지도 가족을 유별나게 챙기는데 만물의 영장이라고 불리는 인간이 자기 가족을 돌보지 않는다면 인면수심이라고 할 것이다.

　가정의 달을 맞이하여 가정에 대한 여러 가지 명언들을 간추려 본다. 소크라테스(Σωκράτης Socrates, BC 470~399)는 "자기의 부모를 섬길 줄 모르는 사람과는 벗하지 말라. 왜냐하면 그는 인간의 첫걸음에서 벗어났기 때문이다"라고 했다.

윌리엄 펜(William Penn, 1644~1718)은 "아내인 동시에 친구일 수 있는 여자가 참된 아내다. 친구가 될 수 없는 여자는 아내로 마땅하지 않다"라고 했다.

조지 맥도날드(George MacDonald, 1824~1905)는 "이 세상에서 태어나 우리가 경험하는 가장 멋진 일은 가족의 사랑을 배우는 것이다"라고 말했다.

성경에서는 이렇게 말씀한다.

> "마른 떡 한 조각만 있고도 화목하는 것이 제육이 집에 가득하고도
> 다투는 것보다 나으니라"(잠 17:1).

이 모두 가정은 화목해야 하고 행복해야 한다는 것을 전제하는 말이다. 가정은 가족의 안녕을 지켜 주어야 한다. 가정은 가족 구성원의 행복을 함께 누릴 수 있도록 해야 한다. 그러므로 가정은 따듯하고 모든 것을 포용할 수 있어야 한다.

우리말의 '살림'이라는 말은 '살린다'는 데서 온 말이다. '살림 잘한다'라는 것은 가족 모두를 살린다는 뜻이다. 엄마가 자식을 살리는 것은 당연하다. 남편은 아내를, 아내는 남편을 살려야 한다.

자녀는 부모를 공경하여 살릴 때 효자로 불린다. 가정은 인간의 삶의 마지막 보루다. 사랑은 새로운 생명을 탄생시키고 죽어 가는

생명을 살리는 특효약이다.

가정의 달에 다시 생각해보자. 나는 가족을 살리고 있는가?

나는 내 가족을, 내 생명을 사랑하듯 사랑하는가?

"남편들아 아내 사랑하기를 그리스도께서 교회를 사랑하시고 그 교회를 위하여 자신을 주심같이 하라"(엡 5:25).

2018년 5월 6일

붉어진 얼굴

사람 얼굴에는 내면이 표출된다. 우리말의 얼굴은 '얼의 굴'을 뜻한다고 한다. 자신의 얼이 얼굴에 굴이 뚫린 것처럼 표현된다는 의미다. 화난 감정과 기쁜 감정 등은 얼의 굴인 얼굴을 통해 일시적으로 감정을 드러낸다.

한편 얼굴에 성격과 인격이 표현되기도 한다. 급한 성격과 느긋한 성격, 온화함과 강직함이 얼굴에 나타난다. 얼굴에 친절함과 무뚝뚝함, 정직함과 부정직함, 선함과 악함과 같은 인격의 단면이 드러나기도 한다.

그러나 스스로를 감추는 위선의 얼굴을 갖기도 한다. 대개 감정이 솟구치면 얼굴이 불그스름하게 달아오른다. 그러나 내면을 감추고 포장하는 사람들은 청색 반응으로 철저하게 위장한다.

영국의 캠브리지대학교에서 이렇게 시험문제를 냈다. "예수님이 물을 포도주로 바꾼 기적을 종교적, 영적 의미에서 서술하시오."
(Write about the religious and spiritual meaning in the miracle of Christ turning water into wine).

어떤 학생이 두 시간 내내 한 줄도 못 쓰고 머뭇거리다 감독관이 다가오자 딱 한 문장을 적어 제출했다.

"물이 그 주인을 만나자 얼굴이 붉어졌다"(The water met its Master and blushed).

그 대학생이 유명한 영국의 시인 바이런(George Gordon Byron, 1788~1824)이다. 물도 주인이신 예수님을 만나 붉은 얼굴로 변했다면 우리 그리스도인들은 평생을 주님을 모시고 살면서 밝고 화창한 얼굴로 변하는 것은 당연하리라.

그런데 요즘 스스로 내 얼굴을 보면서 주님의 모습이 투영된 '붉은 얼굴'일까 생각해 본다. 사람들은 나에게 젊었을 때는 "형사 아니세요?"라고 했다. 중년의 때에는 "바쁘시죠?"라는 말을 지인들에게 자주 들었다. 내 얼굴에 바쁨이 쓰여 있었던 것 같다.

초면인데도 "혹시 목사님 아니세요?"라는 말을 가끔 듣는다. 그 말을 들으면 반갑다. 그러나 나는 이 말이 듣고 싶다. "인상이 선하시네요." 선한 인상, 착한 얼굴이 주님을 닮은 얼굴이 아닐까? 그보다 얼굴이 붉었으면 더 좋겠다. 다윗의 얼굴을 성경은 이렇게 말씀한다.

"그의 빛이 붉고 눈이 빼어나고 얼굴이 아름답더라"(삼상 16:12).

거울을 보자.
아니 말씀의 거울에 나 자신을 비춰보자.
주님을 생각하면서 불그스름하게 달아오른 얼굴이었으면 좋겠다.

2018년 5월 13일

무엇을 보는가?

"뭐 눈에는 뭐만 보인다"라는 말이 있다. 사람은 자신이 보고 싶은 것만 보고 산다. 자신의 관심거리에만 눈길이 머문다. 나는 가는 곳마다 교회가 눈에 가장 먼저 들어온다.

사람이 보는 눈은 육신의 눈만 있는 것이 아니다. 육안(肉眼)으로는 세상의 사물을 본다. 지안(智眼)과 혜안(慧眼)은 지혜로 사물의 본질을 꿰뚫어 보며, 앞날을 내다본다.

사람에게는 하나님께서 양심을 주셨다. 양심은 하나님의 마음을 담을 수 있는 그릇이다. 그러나 사람들은 육적 눈으로만 세상을 보며 살아간다. 그러면서 하나님의 존재를 무시한다. 어리석기 짝이 없다.

사람에게는 영안(靈眼)이 있다. 영적 안목을 가져야 하나님의 존재를 알 수 있고 하나님을 볼 수 있다.

관광(觀光)이란 그냥 놀고먹는 것이 아니다. 관광은 빛(光)을 보는(觀) 일이다. 즉, 사물을 보고 깨닫는다는 뜻이다. 우리는 하나님의 말씀을 보면서도 내가 볼 것만 보려고 한다. 예수님은 말씀하셨다.

"너희가 무엇을 보려고 광야에 나갔더냐 바람에 흔들리는 갈대냐"
(마 11:7).

예수님의 제자들은 예수님이 말씀하시는 메시아 왕국을 보지 못했다. '하나님의 일'이 아닌 '세상일'에만 관심을 가진 그들에게는 세상 권력만 보였다. 그들의 머릿속에는 예수님이 유대의 왕이 되면 누릴 부와 명예만을 생각했을지 모른다.

예수님은 베드로에게 말씀하셨다. "사탄아, 내 뒤로 물러가라."

하나님의 왕국을 보지 못하고, 십자가를 보지 못하면 베드로가 받았던 책망을 우리도 들어야 마땅하다.

그러므로 정안(正眼)과 정각(正覺)을 갖는다는 것은 중요하다. 유리창에 얼룩이 묻어있으면 사물을 똑바로 볼 수 없다. 성경에 '하나님의 마음에 합한 사람'이라고 했던 다윗도 그 마음에 정욕으로 얼룩이 져 있을 때 범죄의 나락으로 떨어졌다.

다윗은 후에 이것을 깨닫고 하나님께 엎드려 간구한다.

"하나님이여 내 속에 정한 마음을 창조하시고 내 안에 정직한 영을 새롭게 하소서 나를 주 앞에서 쫓아내지 마시며 주의 성령을 내게서 거두지 마소서"(시 51:10~11).

우리 앞에 전개되는 사물은 변하지 않는다. 오직 내 마음이 변할 뿐이다.

하나님의 마음으로 바뀌는 것을 진정한 변화라고 할 수 있다.
세상의 정욕으로 떨어지는 변화는 변질이다.
무엇을 보고 있는가?
하나님의 안목을 갖고 살아가자. 영적 시각으로 사물을 보자.

2018년 6월 3일

아슬아슬한 인생

사람들은 안전하게 살려는 욕구가 있다. 에이브러햄 매슬로(Abraham Maslow, 1908~1970)의 욕구단계설에 의하면 사람에게는 단계별로 생리적 욕구(Physiological Needs), 안전 욕구(Safety Needs), 소속감과 애정 욕구(Belongingness and Love Needs), 존경 욕구(Esteem Needs), 그리고 마지막 자아실현 욕구(Self-Actualization Needs)가 있다고 한다.

즉 생리적 욕구가 채워지면 안전의 욕구를 갈구한다는 것이다. 그러나 사람은 적당한 자극과 스트레스가 있어야 삶의 의욕이 생긴다. 안일하면 나태해진다. 안전하게 사는 것은 좋지만 안전을 넘어서 안일해지면 타락하게 되고 퇴보하게 된다.

그래서 감당할 수만 있다면 스트레스와 위험에 직면하는 것은 삶의 의욕과 동기가 생기는 것이다.

존 애덤스(John Adams, 미국 제2대 대통령)는 이렇게 말했다.

"위험을 무릅쓰는 것이 인간 본성의 일부이다. 인간에게는 누구나 고유한 '흥분의 욕구'가 있다. 지나친 확실성은 지루하고 보람 없고 굴욕적이다. 지나친 확실성은 우리를 위축시키고 우리를 솜뭉치에 싸인 존재로 만들며, 우리에게서 흥분과 도전이라는 보상을 앗아간다."

프랑스의 외줄타기 곡예사 필리프 프티(Philippe Petit)는 "인생은 아슬아슬하게 살아야 한다"라고 말한다.

아슬아슬하게 산다는 것은 궁핍함이 아니다. 일용할 양식을 구하는 것은 배짱 없는 자가 구하는 소심함이 아니다. 이것은 하나님의 은혜로 사는 기적을 체험하는 삶이다. 하나님은 그릿 시냇가에 숨어 지내는 엘리야에게 삼 년 치 먹을 양식을 한꺼번에 주신 것이 아니라, 매일 두 번씩 까마귀를 통해 떡을 주셨다.

하루의 양식을 앞에 놓고 감사할 수 있는 자에게 백 년 동안 굶지 않도록 날마다 양식을 주신다. 그러므로 삶에서 오는 고난을 일부러 자청할 필요는 없겠지만 다가오는 고통을 피하지 말고 감내할 수 있어야 한다.

위험을 삶의 일부로 받아들이고 불확실성을 즐길 때 기회는 점점 더 커지게 된다. 야고보서에서는 이렇게 말씀한다.

> "내 형제들아 너희가 여러 가지 시험을 당하거든 온전히 기쁘게 여기라 이는 너희 믿음의 시련이 인내를 만들어 내는 줄 너희가 앎이라 인내를 온전히 이루라 이는 너희로 온전하고 구비하여 조금도 부족함이 없게 하려 함이라"(약 1:2~4).

인생은 아슬아슬하게 살아야 한다. 그래야 배부른 돼지가 되지 않는다.

이것이 하나님의 기적을 체험하는 축복의 삶을 살 수 있는 비결이다.

2018년 6월 24일

진짜 성공

　사람은 누구든지, 모든 일에 성공하기를 원한다. 자신의 일이 잘되기를 바란다. 이번 21회 러시아 월드컵 축구경기에서 자신의 국가가 이기기를 얼마나 외치며 응원했던가? 모든 경기는 상대적이다.
　FIFA 랭킹 1위인 독일이 조별리그에서 최하위로 탈락한 것은 절대강자도, 절대약자도 없다는 것을 보여준 예다. 그러나 결승전에 올랐던 크로아티아를 보면서 '실력은 숨어 있지만은 않구나' 하는 생각이 들었다. 실전에 강하다는 말이 있지만 기본실력을 갖추지 못하고 실전에 강한 실력이란 있을 수 없다.
　크로아티아는 FIFA 랭킹 20위다. 면적은 한반도의 2분의 1, 인구는 416만 명으로 세계 130위에 불과하다.
　스포츠 경기에서 가장 박수를 많이 받는 선수는 마지막 골을 넣는 선수다. 그러나 숨어 있는 선수(assistant)의 실력으로 도움을 받은 경우가 많다.
　앤드루 카네기(Andrew Carnegie)의 자서전에 이런 글이 있다.
　"내가 잘나서 성공한 것이 아니다. 사실 내가 성공할 수 있었던 것은 내가 무엇을 알거나 나 스스로 무언가를 해서가 아니라 나보다 잘 아는 사람을 뽑아 쓸 줄 알았기 때문이다. 이것은 누구나 알아야 할 귀한 지식이다. 나는 증기식 기계에 대해서는 잘 알지 못했지만, 그보다 훨씬 더 복잡한 구조물인 인간을 알기 위해 노력했다."

진짜 성공은 이런 것이다. 성공을 위해 실력을 쌓아 가며, 열심히 일하는 것은 물론 중요하다. 그러나 성공을 위해 더 중요한 것은 다른 사람을 이해하고, 다른 사람들에게 잘하고, 그래서 그들이 나와 함께 일하고 싶어 하게 만드는 것이다.

세계적인 성공학의 연구자 나폴레온 힐(Napoleon Hill, 1883-1970)은 성공의 법칙 16가지 중 맨 마지막에 이렇게 말한다. "당신이 바라는 대로 남들에게 하라."

예수님은 말씀하셨다.

"그러므로 무엇이든지 남에게 대접을 받고자 하는 대로 너희도 남을 대접하라 이것이 율법이요 선지자니라"(마 7:12).

진짜 성공은 다른 사람을 이용하거나 다른 사람의 도움을 받아 목표를 이루는 것이 아닌, 내가 다른 사람을 도와 성공하게 하는 것이다.

그런 의미에서 내 인생에 나는 진짜 성공을 얼마나 했는가를 생각해보자. 그리고 1인자의 성공보다 2인자의 성공에 매력을 갖고 살자.

"그는 흥하여야 하겠고 나는 쇠하여야 하리라"(요 3:30).

2018년 7월 15일

여름

몇 주째 폭염주의보가 계속되고 있다. 아직 폭염이 꺾일 기세가 보이지 않는다. 열대야로 밤잠을 설치며 더위를 먹고 사망하는 사람도 속출하고 있다. '여름은 더워야 여름'이라고 하지만 너무 덥다.

여름은 순수 우리말로서 '열심히 살아 좋은 결과를 얻으라고 열매를 뜻하는 옛말을 그대로 삼은 이름'이라고 한다. 여름은 열심히 살아야 하는 계절이다. 비발디의 바이올린 협주곡 '사계'(四季, four seasons)는 사계절을 음악적으로 잘 표현하고 있다. 그중 여름의 곡을 들으면, 여름을 묘사하는 부분을 담고 있다고 느껴진다.

태양의 강렬함을 그린 1악장, 더워서 낮잠을 자는 강아지의 모습과 늘어진 모습의 2악장 등 강렬함과 느림이 교차하는 것을 음악적으로 잘 표현하고 있다.

자연에 순응하며 사느냐, 극복하며 사느냐는 우리의 선택의 몫이다. 그러나 자연의 섭리를 무시하거나 거슬러 살 수는 없다. 그렇다고 마냥 자연에 순응할 수만은 없는 것이 인생이다. '이열치열'(以熱治熱)이라는 말은 더위를 열로 극복한다는 말일 것이다. 사티아 나델라(Satya Narayana Nadella, 1967~) MS(마이크로소프트) 회장은 그의 저서

《히트 리프레시》(Hit Refresh)에서 이렇게 말한다.

"장애물과 결점이 발견되면 가슴이 뛴다. 장애물은 언제나 우리 옆에 있을 것이다. 하지만 리더는 장애물과 능숙하게 맞서 싸우는 투사다. 어떤 결점이 발견되는 순간 나는 가슴이 뛴다. 누구든지 결점을 지적한다면 내게 통찰이라는 선물을 안겨준 셈이다."

여름이 좋은 사람들이 있다. 그들은 열정의 투사들이기 때문이다. 여름은 더워서 좋다. 여름은 가을의 열매를 맺기 위해 열심을 내는 계절이기에 여름은 더워야 한다. 여름을 견딜 수만 있다면, 더위를 내 것으로 만들 수만 있다면 여름은 더워서 좋은 계절이다.

여름은 풍성한 가을을 준비하도록 한다. 여름은 하나님이 주신 선물이다. 더위를 피하면 당장은 편할 수 있지만, 가을에 손에 쥘 것이 없을 것이다. 개미와 베짱이의 이야기가 우리에게 교훈을 준다. 요즘 베짱이를 아무리 미화해도 베짱이는 베짱이일 뿐이다. 성경은 말씀한다.

> "게으르지 말고 열심을 품고 주를 섬기라"(롬 12:11).
> "눈물을 흘리며 씨를 뿌리는 자는 기쁨으로 거두리로다 울며 씨를 뿌리러 나가는 자는 반드시 기쁨으로 그 곡식단을 가지고 돌아오리로다"(시 126:5~6).

여름 사역을 통해 땀을 흘리는 모든 교사와 성도들에게 박수를 보낸다.

2018년 7월 29일

에펠탑 효과

'미녀와 야수'(La Belle et la Bête, the Beauty and the Beast)는 프랑스를 비롯한 유럽 지역에서 전해온 전래 동화이다. 그 내용과는 별개로 미녀와 야수는 전혀 어울리지 않는 관계로 보인다. 그런데 이들이 해피엔딩에 도달할 수 있을까? 남녀의 관계를 놓고 던지는 질문 중 하나다.

아니, 남녀관계뿐 아니라 사람의 모든 관계에 다 적용되는 것이다. 흥미로운 것은 전혀 어울리지 않는 조합도 스킨십이 강화되면 될수록 관계가 발전한다는 것이다. 우리 사회는 정(情)으로 맺어진 사회다. '미운 정 고운 정'이라는 말처럼 마음에 맞지 않아도 자주 부딪치고 만나다 보면 정이 들고 친근해진다.

이처럼 비호감이었던 관계라도 자주 보게 되면서 점차 호감으로 변하는 현상을 일컬어 '에펠탑 효과'(Eiffel tower effect)라고 한다.

미국의 사회심리학자 로버트 자이언스(Robert B. Zajonc)는 학생들에게 12장의 얼굴 사진을 무작위로 보여주고 얼마나 호감을 느끼는지 측정했다. 결론은 사진을 보여주는 횟수가 늘어날 때마다 비호감을 가졌던 사람의 호감도가 증가했다.

건립 초기의 에펠탑은 퇴출 대상이었다. 파리의 정경을 완전히 망쳐놓을 흉측한 철탑이라고 비난받았다. 거기에다 '악마의 표식 같다'는 혹평까지 있었다. 그러나 파리 시민들은 자나 깨나 에펠탑을 볼 수밖에 없었다.

세워진 지 130년이 지난 지금은 파리 시민들은 에펠탑을 사랑하게 되었고 파리의 관광명소로 자리를 잡았다. 이것이 에펠탑 효과다.

세계의 수많은 관광객이 그 비호감인 에펠탑을 보려고 몰려들고 있지 않은가? 에펠탑을 빼고는 파리를 설명할 수 없을 정도다.

교회도 마찬가지다. 아마 처음으로 교회에 발걸음했던 때에 대부분의 사람들의 마음은 어색하거나 불편했을 것이다. 처음 예배에 참석했을 때의 어색한 분위기는 교회와 예배에 적응하기에 힘들었을 것이다. 그러나 한두 번 더 출석하게 되면서 주님과 가까워지게 될 것이다.

사람의 관계도 마찬가지다. 별로 호감을 갖지 못했던 사람도 자주 얼굴을 대하게 되면 호감으로 변한다. 그런데 불편한 감정과 오해로 피차 틈을 보이면 돌아오지 않는 강을 건넌 것처럼 영원한 이별을 고하는 경우가 있다.

교회와 가정에서는 더욱 그렇다.

관계의 틈이 조금 벌어졌을 때 더 가까이 다가가자. 흉측하게 보일지라도 한 번 더 쳐다보자.

흉물이 명물로 바뀔 때까지 다가가고, 보고 또 보면서 에펠탑 효과를 누리며 살아가자.

2018년 8월 5일

불가능의 의견

사람들은 각자 자신이 가지고 있는 의견을 개진하며 살아간다. 그런데 한번 주장한 자신의 의견에 대해서는 물러서려고 하지 않는 것이 인간의 본성이다. 그래서 한번 제시한 의견에 대해 '그것이 맞다'는 것을 증명하려고 노력한다.

한편 자신의 의견에 대해 반대하는 사람을 자신을 반대하는 사람으로 생각한다. 다시 말하면 의견과 사람을 일치시킨다. 그래서 지혜 있는 사람은 사람과 의견을 별개의 것으로 생각할 수 있는 사람이다.

한편, 경쟁관계에 있는 사람에 대한 반감을 반대의견을 무기로 사용하여 공격하기도 한다. 의견과 주의와 주장, 사람의 관계가 이렇게 복잡하게 얽혀 사는 것이 인생이다.

불가능은 하나의 의견일 뿐이다. 그것은 내가 생각하는 것에 대한 또 다른 반대의견일 뿐이다. 그러므로 내가 생각하거나 주장하는 것이 옳다면 반대의견에 대해 상관하지 말고 내 의견이 틀리지 않았다는 것을 증명하기 위해서라도 집중하여 노력하면 된다.

캘리포니아대학교 교수이며, 로봇매커니즘연구소 소장인 데니스 홍은 《상상을 현실로 만드는 법》에서 이렇게 말한다.

"불가능은 하나의 의견일 뿐이다. 실패를 두려워하면 도전할 수 없다. 도전하지 않으면 성공할 수 없다."

언제 어디서나 모든 분야에서 다른 의견과 반대의견이 있을 수 있다. 유대인들은 의견을 개진할 때 모든 사람이 찬성하는 의견은 택하지 않는다고 한다. 만장일치는 택하지 않는다는 것이다.

어떤 경우에도 반대를 위한 반대가 아니라면 인정하고 설득시키는 것을 원칙으로 삼는다는 것이다.

저항을 받는다는 것은 내가 세상을 거슬러 세상을 바꾸고 있다는 증거다. 반대와 저항은 불안과 고통을 주는 것이 사실이다. 그러나 이런 저항은 나를 단단하게 해준다. 힘들어야 위대해진다. 무게 있는 인생을 사는 사람은 순풍에 돛 단 듯이 살아가는 사람이 아니다.

인생의 깊이와 시련의 두께가 그 사람의 폭과 도량을 결정한다. 인생의 무게는 무거울수록 좋다. 그것으로 인해서 어떤 저항도 이겨낼 힘을 키우기 때문이다. 힘들지 않은 일은 누구나 할 수 있다. 그러나 힘든 일은 누구나 할 수 없다.

내가 하는 일이 힘에 겹다면 나는 지금 위대한 일을 하는 위대한 사람이라고 생각하라.

우리 다시 한번만 생각해보자.

나를 반대하거나 불가능의 의견은 의견일 뿐이다. 반대를 설득시키는 것이 실력이다.

2018년 8월 26일

신앙 노숙인

요즘 여기저기에서 노숙하는 분들이 많이 있다. 대개는 사연을 가지고 있는 사람들이다. 남자만 노숙하는 것이 아니다. 여성 노숙인은 전체 노숙인의 26%가 된다. 여성 노숙인들의 대부분은 지적장애와 정신질환을 겪고 있다고 한다.

서울시가 노숙인을 성별로 나눠 조사한 '서울시 노숙인 정책의 성별 영향평가 보고서'에 따르면, 여성 노숙인은 경제적 어려움(46%)뿐만 아니라 가정폭력과 아동학대, 정신질환에 의한 갈등을 포함한 가족문제(43%)로 노숙을 시작하는 것으로 나타났다.

여자 노숙인은 사람들을 피해 공원 화장실에서 지낸다. 지하도에서 떨어져 생활을 한다. 왜냐하면 사람을 피해 다니기 위해서다.

그러나 남성 노숙인은 사정이 다르다. 남성 노숙인은 실직, 이혼 및 가족 해체, 알코올 중독 등 다양한 이유로 노숙을 시작하게 된다. 이민규 옹달샘상담보호센터 생활지원팀 사회복지사는 "거리에서 1,000여 명의 노숙인들을 만나면서 느낀 것은 자신을 믿어주는 사람이 단 한 사람만 있어도 노숙하지 않는다는 것이었다. 근본적으로 이들을 지지할 수 있는 지역공동체나 사회복지 시스템이 만들어져야 할 것이다"라고 했다. 그렇다. 여러 가지 이유로 노숙을 할 수 있다. 그러나 중요한 것은 믿고 의지할 사람, 자신의 편에 서 줄 수 있는 단 한 사람이 없다고 생각하기에 집을 떠나 노숙한다는 것을 잊지 말아야 할 것이다.

그런데 요즘 성도들의 신앙생활, 교회생활을 보면 신앙의 노숙자 신세로 사는 사람들이 많다. 교회 공동체에서 '나 홀로 고독하게 신앙생활'을 한다. 하나님은 사람(아담)을 창조하시고 "보시기에 심히 좋았더라"고 하셨다. 그러나 아담이 혼자 있는 것이 좋지 않게 보여서 아담의 갈비뼈를 취해 하와를 창조하셨다.

그러므로 어떤 이유에서든지 공동체 안에서 '고독한 신앙생활'을 하는 것은 하나님의 창조 섭리에 맞지 않는, 하나님의 의도와는 다르게 역주행하는 것이다. 함께, 더불어 사는 행복을 포기하는 것은 불행을 자초하는 것임을 기억하자. 더구나 교회를 떠나 신앙 노숙을 즐기는 사람들이 있다.

이리저리 떠돌아다니면서 자신의 종교를 기천불교(기독교, 천주교, 불교)라고 하면서 이 교회 저 교회를 기웃거리며 노숙을 한다. 자신의 집을 떠난 노숙인들처럼 자신이 섬겨야 할 교회를 버리고 신앙의 노숙을 하는 성도들이 가끔 이단의 숙소에 기웃거리다가 사탄의 노략감이 되기도 한다.

이제는 내 아버지 집, 내가 섬길 교회를 온전히 섬기며 신앙의 노숙인의 신세를 버리자.

2018년 9월 2일

잘 죽는 것

　인생 생애주기에 대해 석가모니는 생로병사(生老病死)를 말했지만, 인생의 꽃을 피워보지도 못하고 청소년 시절에 세상을 떠나는 아이들의 경우가 있다. 때로는 태어나자마자 유전적 질병으로 생(生)에서 사(死)로 이어지는 경우도 있다.
　이 땅에 태어난다는 것은 어떤 경우에도 축복받아야 할 일이다. 그러나 세상을 떠날 때는 축복 받지 못하고 세상을 떠나는 사람이 많다. 태어났다는 것은 죽음을 전제한다. 그래서 살아 있는 사람들의 한결같은 바람은 잘 죽는 것이다. 그러나 잘 살아야 잘 죽을 수 있다. 즉 웰빙(well-bing)이 웰다잉(well-dying)이 된다.
　그러므로 우리의 삶은 잘 살기 위해 살기보다 잘 죽기 위해 살아야 한다.
　그러면 잘 죽는 죽음은 어떤 죽음인가? 인생 과업을 잘 수행하고 세상을 떠나는 것이라고 할 수 있다. 내 인생에 맡겨진 일들에 대해 마무리를 잘하는 것이다. 인생은 각각 인생 주기에 따라 수행해야 할 과업들이 있다.
　이에 대해 공자(孔子)는 논어(論語) 위정(爲政) 편에서 이렇게 말했다.

"내 나이 열다섯에 학문에 뜻을 두고(志學), 서른에 입신했으며(而立), 마흔이 되니 세상 일에 미혹되지 아니하고(不惑), 쉰에 하늘의 명을 알았다(知天命). 예순에 귀가 순해지고(耳順), 일흔이 되니 마음이 하고자 하는 대로 좇았으되 법도를 넘어서지 않았다(從心)."

이렇게 공자의 가르침대로 살았다면 인간적으로는 잘 살았다고 할 수 있을 것이다.

그런데 한 가지 문제가 남아 있다. 공자께서 세상을 떠날 때, 그의 제자들이 물었다. "선생님, 사람이 죽어서 가는 다음 세상은 어떤 곳입니까?"

그때 공자는 이렇게 대답했다.

"내가 이 세상의 일도 다 알지 못하는데, 다음 세상의 일을 어떻게 알겠느냐? 다만 죽음이 두렵기만 하구나."

정직한 답이다.

누구도 사람이 죽어서 가는 저세상에 대해서 알 수 없다. 그러나 성경은 분명하고 확실하게 말씀한다.

"한번 죽는 것은 사람에게 정해진 것이요 그 후에는 심판이 있으리니"(히 9:27).

사람이 이 세상을 떠나면 누구든지 하나님의 보좌 앞에서 심판을 받는다. 예수님은 이렇게 말씀하신다.

"예수께서 이르시되 나는 부활이요 생명이니 나를 믿는 자는 죽어도

> 살겠고 무릇 살아서 나를 믿는 자는 영원히 죽지 아니하리니 이것을 네가 믿느냐"(요 11:25~26).

잘 죽는 것은 영원한 하나님 나라를 예비하고 이 땅의 일을 마치는 것이다. 그러므로 잘 산다는 것은 '예수 잘 믿는 것'이다.

나는 지금 당장 죽어도, 하나님 앞에 서서 당당하게 하나님 나라에 갈 수 있는 준비가 되었는가?

천국의 확신과 소망을 가지고 살아가자.

2018년 9월 30일

성품과 성공

사람의 능력은 한 가지로 평가할 수 없다. 우리가 가장 잘 아는 능력인 아이큐(IQ, intelligence quotient)는 지능 지수를 의미한다. IQ는 유전적으로 80%, 후천적으로 4~5세까지 나머지 20%가 완성된다고 한다. 지금까지는 인간의 능력을 지능지수 한 가지만으로 판단했던 경향이 있었으나, 최근에는 감성지수(EQ, emotional quotient)에 대해서 많은 관심을 기울이고 있다. 이 외에도 사람에게는 많은 능력이 있다.

도덕지수(MQ, moral quotient), 사회성지수(SQ, social quotient), 창조성지수(CQ, intelligence quotient), 유추지수(AQ, analogy quotient) 등 하나님은 인간에게 수많은 능력을 주셨다.

단순히 지능 한 가지만으로 세상을 살아가는 것이 아님을 알 수 있다.

스티븐 코비(Stephen M. R. Covey, 1932~2012)는 그의 저서 《신뢰의 속도》에서 성품이 지속적 성공을 보장한다고 전제하며, "비즈니스나 삶의 게임에 도덕적 지름길은 없다. 세상에는 기본적으로 세 종류의 사람, 즉 성공하지 못하는 사람, 일시적으로 성공하는 사람, 성공하고 그 성공을 유지하는 사람이 있다. 그 차이는 성품에 있다"라고 했다.

결국 사람의 성품이 성공을 좌우한다는 것이다. 재능이 뛰어나면 성공 가능성이 높아진다. 그러나 인격과 성품이 뒷받침되지 않는 성공은 타인의 시기와 질투를 동반하기에 일시적 영광에 그치게 되어 있다.

성품에 기초한 성공은 타인의 지지와 격려 속에 오래오래 지속될 수 있다. 성품은 사람 됨됨이를 결정하는 중요한 요소일 뿐만 아니라, 성공적 삶을 살게 하는 데 결정적 역할을 한다고 할 수 있다.

성경은 여러 곳에서 성품에 대해 말씀한다.

> "말을 아끼는 자는 지식이 있고 성품이 냉철한 자는 명철하니라"(잠 17:27).
>
> "마음을 다하고 성품을 다하여 진실히 내 앞에서 행하면 이스라엘 왕위에 오를 사람이 네게서 끊어지지 아니하리라 하신 말씀을 확실히 이루게 하시리라"(왕상 2:4).
>
> "너희가 정욕 때문에 세상에서 썩어질 것을 피하여 신성한 성품에 참여하는 자가 되게 하려 하셨느니라"(벧후 1:4).

성령님의 인도를 받으면 우리의 성품이 하나님의 성품으로 바뀐다. 결국 신앙생활은 하나님의 성품을 소유하는 것이라고 할 수 있다. 하나님의 성품을 소유하면 모든 일에 성공적으로 살아갈 수 있다. 하나님을 믿어 하나님의 성품으로 바뀐 사람은 망하는 법이 없다. 성품과 성공적 삶은 하나다.

2018년 11월 11일

나를 잘 아시는 주님

사람들은 스스로가 자신을 가장 잘 안다고 생각한다. 자신의 성격, 성장의 배경, 자신만 아는 숨겨진 진실, 자신의 능력 등 자신이 자신을 아는 것은 당연하다. "열 길 물속은 알아도, 한 길 사람 속은 모른다"라는 속담처럼 우리는 타인이 자신을 드러낸 것 외에는 알 수가 없다.

하나님은 중심을 보시지만, 인간은 그 사람의 말과 행동 외에는 볼 수 없기 때문이다. 소크라테스의 "너 자신을 알라!"는 말은 유명하다. 그러나 사실은 델포이(Delphoe)에 있는 아폴론 신전에 적힌 말이라고 한다.

여러 고민거리를 안고 신전을 찾은 모든 사람에게 내려진 아폴론의 조언이란다. 그만큼 우리는 자기 자신을 알지 못하고 우왕좌왕하며, 덤비면서 인생을 살아가고 있는 것이다.

심리학자들은 자신에 대해 아는 네 가지를 말한다. 먼저는 자신만 아는 영역이 있다. 두 번째는 나는 모르는데, 타인만 나를 아는 영역이 있다. 다음은 나 자신도 나를 알고, 타인도 나를 아는 공유된 영역이 있다. 마지막으로 나도 모르고 타인도 모르는 영역이 있다고 한다.

인격이 성숙하고 진실하게 사는 사람들은 자신과 타인이 공유된 영역이 많다. 그러나 숨긴 것들이 많은 사람은 나만 아는 영역으로 가득차 있다. 이런 사람들을 대하다 보면 많은 의문을 가질 수밖에 없다.

페르소나의 가면을 쓰고 다니는 것처럼 처세에는 능할지 모르지만, 진실함이 없는 사람들이다. 마지막에 말하는, 타인은 물론 나도 모르는 나를 스스로 찾아내고, 그것을 키워가는 것이 인생의 발전을 도모하는 것이리라 생각한다.

레이먼드 조(Raymond Joe, 1914~1994)는 그의 저서 《관계의 힘》(The Power of Positive Relationship)에서 사람은 자신을 알아주는 사람을 위해 목숨을 건다고 하면서 이렇게 쓰고 있다.

"인간을 움직이는 것은 마음이고, 마음의 심장은 바로 자존심이네. 자존심을 위해서라면 무슨 짓이든 하는 존재가 인간이지. 사람은 본능적으로 자신을 인정해 주는 곳으로 가려는 습성을 가지고 있네. 인간은 자신의 가치를 인정받을 때 최대의 기쁨을 얻네. 그 욕구는 돈의 힘보다 훨씬 강해. 오죽하면 '나를 알아주는 사람을 위해 목숨을 건다'라는 말이 나왔겠는가?"

사람은 자신을 인정해 주는 사람에게 다가간다.

자신을 알아주고 인정해 주는 사람과 좋은 관계를 유지한다.

그러나 나를 가장 잘 알고, 나를 용납하고, 나를 인정해 주는 분은 하나님이시다. 나에게 변치 않는 사랑으로 다가오셔서 언제든지 함께해 주시는 분은 하나님이시다. 나의 오장육부와 체질까지도 아시는 분이 하나님이시다.

2019년 5월 26일

스트레스의 힘

　현대인들의 삶에서 떼려야 뗄 수 없는 것이 스트레스다. 우리말로는 '신경성'이라고 부르는 스트레스는 만병의 근원이라고 한다. 신경성 스트레스는 많은 질병을 유발하는 근원이다. 감정노동에서 오는 스트레스를 '화병'이라고 부르며, 한국 사람 특유의 병으로 알려져 있다. 그런데 일상의 삶에서 스트레스를 피하기는 쉽지 않다.

　스트레스를 받으면 체한 것처럼 속이 꽉 막힌 것 같은 느낌이 들기도 한다. 이뿐만 아니라 갑자기 울화가 치미는 분노가 들기도 한다. 특히 완벽주의의 성격을 가진 사람들은 상황이 어려울 때 자연스럽게 신경이 곤두설 수밖에 없고 이에 따라 스트레스가 누적되어 화병으로 이어진다.

　그런데 스트레스도 생각하기 나름이다. 스트레스가 유용하다고 생각하면 실제로 그렇게 된다는 것이다.

　켈리 맥고니걸(Kelly McGonigal, 스탠퍼드대학교) 박사는 그의 저서 《스트레스의 힘》(the Upside of Stress)에서 "스트레스는 피할 수 없다. 우리에게 압박감을 주는 문제들은 중요하고 의미 있는 일들이기 때문이다. 중요하지 않았다면 스트레스를 받을 이유가 없다. 압박받을 때 이 문제가 나에게 어떤 의미가 있는지 생각하자. 도망치지 말고 어떻게 받아들일지 결정해야 한다"라고 했다.

스트레스를 어떻게 받아들이느냐에 따라 신체에서 일어나는 영향을 좌우할 수 있다. 이것은 현재 상황에도 영향을 끼칠 뿐 아니라 미래에 내가 살아갈 방향에도 큰 영향을 미친다.

이렇게 스트레스는 우리의 삶에 새로운 힘을 주는 동인이 되기도 한다. 스트레스를 어떻게 반응하느냐에 따라 도전에도 맞설 수 있도록 우리 자신을 스스로 대비시킨다. 그뿐만 아니라 스트레스는 우리에게 평소보다 뛰어난 신체 능력을 가져다 주기도 한다.

그리고 스트레스는 고도의 집중력을 발휘하게 만든다. 스트레스를 받을 때 생기는 에너지는 우리의 몸이 행동을 취하는 데 도움이 될 뿐만 아니라, 뇌를 가동시키는 데에도 유용하다. 스트레스는 동기와 의욕을 불러일으킨다. 그러므로 스트레스는 더 이상 두려워해야 할 존재가 아니다.

다만 무모하지 않게 하나님을 바라보자.

"내게 능력 주시는 자 안에서 내가 모든 것을 할 수 있느니라"(빌 4:13).

2019년 10월 13일

인생의 일단정지

자동차에는 가속을 위한 엔진만 있는 것이 아니다. 멈춤을 위한 브레이크가 있다. 엔진보다 브레이크가 더 중요한 때가 있다. 인생도 마찬가지다. 쉼 없이 달리고 또 달려도 목표점에 도착하는 것이 쉽지 않은 것이 인생이다. 대개 사람들은 무엇이든지 끝장을 봐야 직성이 풀린다.

그런데 마지막까지 가본 사람들은 한결같이 이렇게 말한다. "해보니 별것 없네!" "인생만사 허무하다."

자동차를 운전하는 것도 마찬가지다. 도로표지판을 보며, 신호를 지키며, 적당하게 가속 페달과 정지 페달을 사용하며 운전할 때 안전운전을 할 수 있다.

언젠가 근교를 지나가다가 고속도로 아래 조그마한 굴다리에 큰 트레일러 트럭이 끼어 꼼짝달싹 못하고 있는 웃지 못할 광경을 보았다. 아마 그 트럭 기사는 '이 정도면 지나갈 수도 있을 것이다' 하고 판단하고 트레일러의 머리를 들이밀고 갔을 것이다. 그래서 약간의 커브와 꽉 끼는 크기의 굴다리에 트레일러의 몸통이 박힌 것이다. 들어가기 전에 내려서 충분하게 살펴보았다면 그런 실수는 하지 않앉을 것인데…. 자동차 운전에 있어서 중요한 것은 두 가지다.

하나는 시간 안에 빠르게 도착하는 것이고, 둘째는 안전하게 도착하는 것이다. 그런데 안전하게 도착하는 것이 먼저가 아니겠는가?

인생살이도 적당한 곳에서 멈출 줄 알아야 한다. 하나님께서 이 것을 위해 가장 먼저 주신 제도가 안식일의 제도다. 이날을 '하나님의 날'이라고까지 하면서 멈출 것을 명령하셨음에도 사람들은 욕심을 부리며 하나님의 날까지도 도둑질을 한다. 그래서 어떤 부흥강사는 주일을 지키지 않고 자신의 사욕으로 주일에도 업무를 보는 성도를 '날도둑'(하나님의 날을 도둑질하는 사람)이라고 불렀다.

브레이크 없는 자동차는 흉물이다. 우리 모두 잠시 가던 인생길을 멈추고 지나온 세월을 돌아보자. 잠시 하던 일을 멈추고 했던 일을 살펴보자. 잠시 멈추고 내가 옳다고 우겼던 것을 내려놓고 다른 사람의 말도 들어보자. 잠시 멈추고 뒤도 돌아보지 않고 뛰어왔던 인생길에 크게 심호흡하면서 하늘을 쳐다보자.

깊이 숨을 내쉬며, 또 들이키자.

구름 속에 감춰진 태양도 보고, 드높은 하늘 위에 계신 하나님도 바라보자!

2019년 10월 27일

빼기의 인생 지혜

오늘은 금년의 마지막 주일이다. 누구든지 '올 한 해도 다 지나갔구나'라고 생각하면서 '한 해의 마무리를 어떻게 할까?' 하고 고민을 할 것이다.

누가 이런 수수께끼를 냈다. '세상에서 가장 오래 살기 위해 먹어야 할 것이 무엇인가?', 그리고 '오래 살기 위해 먹지 말아야 할 것이 무엇인가?' 답은 둘 다 '나이'다. 나이는 세월이 지나가면서 늘어나는 숫자다.

이력서를 쓰다 보면 나이를 먹을수록 이력서의 공란이 채워지는 것을 볼 수 있다. 그만큼 인생 이력이 늘어난 것이다. 그렇다고 인생이 풍요로워지는 것은 아니다. 생각해 보면 쓸데없는 것들이 늘어난 경우가 많다. 쓸데없는 것은 쓰레기다.

쓰레기는 버려야 한다. 더하는 것은 성장을 의미하고 빼는 것은 무언가를 정리한다는 것이다. 그렇다면 인생에서 더하거나 빼는 것은 모두 소중한 것임에 분명하다. 그런데 중요한 것을 얻기 위해서는 빼야 한다는 것이다. 광석에서 얻고자 하는 광물질을 얻기 위해서는 세 번의 큰 과정을 거쳐야 한다.

이런 과정을 위해 부수고 빼고 버리고 녹여서 20톤의 광석에서

10~20그램의 금을 얻을 수 있다. 20톤에서 20그램의 금을 얻는다면 얼마나 많은 것을 빼내 버려야 하는가? 20그램(약 5돈)의 금을 얻기 위해 10톤 트럭 2대 분의 광석(천만 배)을 버려야 한다. 이것은 인생의 금쪽같은 소중한 것을 얻기 위해 무엇을 얻었느냐보다 무엇을 버렸느냐가 더 소중함을 가르쳐주는 교훈이다.

내가 진정으로 원하는 것이 무엇인가? 버리고 또 버리고 또 버리자. 천만 번을 버리자. 그리고 그때 남은 것이 비로소 내가 원했던 것이 아니겠는가? 빼기는 핵심을 찾아가는 것과 같다. 가장 덜 중요한 것, 가장 덜 원하는 것부터 하나하나씩 지워 나가자.

썰물에 바닷물이 빠져나갔을 때 백사장의 모래가 드러나듯이 내 주위의 덜 중요한 것을 덜어내면 내가 진심으로 원하는 것만 남게 될 것이다. 갖고 싶은 것이 많은 것은 진짜 갖고 싶은 것이 무엇인지를 알지 못하기 때문이다.

먹고 싶은 것이 많을 때도 마찬가지다. 하고 싶은 것이 너무 많을 때, 진심으로 원하는 것을 모를 때, 어떤 일의 선택의 기로에 서 있을 때, 지우개로 하나하나씩 지워 나가면 마지막 몇 개가 남을 것이다. 그것이 진정 내가 원하는 것이다.

중요한 것은 나에게 마음의 지우개가 있느냐이다. 연말에 내 인생에서 뺄 것을 과감하게 빼버리자. 별로 쓸데없는 인생 쓰레기는 비워 버리자.

그리고 새해를 맞이하자.

2019년 12월 29일

2부
삶의 다이어트

희망 고문

사람은 '희망을 먹고 산다'고 한다. 동물은 희망이 아닌, 생존의 본능대로 살아가는 것이 그들이 살아가는 유일한 목적이고 방법이다. 그러나 사람은 희망을 가지고 살아간다. 희망이 있기에 오늘의 고통을 감내한다.

희망이 없는 삶은 생기가 없다. 희망이 없는 역사는 흑암의 역사다. 희망은 행복을 가져다준다. 행복은 산 정상에서 나오는 잠깐의 만족이 아니라, 산을 오르는 길에서 느끼는 희망에서 온다. 희망을 가지고 살면 삶의 의미를 찾아내는 능력이 생긴다. 그래서 미래를 향한 기대와 희망을 가진 사람은 발전하며, 행복한 삶을 산다.

자신이 가졌던 희망이 허구임을 알 때 오는 절망은 이루 말할 수가 없다. 희망이 오히려 인생을 더욱 허망하게 만든다.

19세기 프랑스 소설가 빌리에 드 릴라당(Villiers de L'Isle-Adam)이 '희망이라는 이름의 고문'이라는 단편 소설을 썼다. 국내에 번역하여 들여온 후에 '희망 고문'이라는 말이 유행했는데, 그 내용을 요약하면 이렇다.

유대 랍비가 고리대금업을 했다는 죄로 감옥에 갇힌다. 희망 없이 하루하루 힘겹게 살아가던 주인공이 탈출구를 발견하게 된다. 마침내 탈옥에 성공한 그는 새로운 삶을 만끽하려고 할 때 누가 자신을 뒤에서 껴안았다.

그는 바로 종교재판소장인 페드로 알부에즈 데스필라였다. 그 순간 그는 이렇게 말한다.

"이 운명의 저녁은 미리 준비된 고문이었다. 바로 희망이라는 이름의 고문…."

세상은 우리를 희망으로 고문하고 있다. 우리는 시간이 지나면 더 나아질 것이라는 막연한 생각으로 하루하루를 보내며, 새해를 맞이할 때마다 새로운 기대를 갖는다. 그러나 여전히 새해에도 새로운 것은 없다.

하나님은 말씀하신다.

> "이미 있던 것이 후에 다시 있겠고 이미 한 일을 후에 다시 할지라 해 아래에는 새것이 없나니"(전 1:9).

바다에서 조난 당한 사람들의 가장 큰 고통은 목마름이다. 바다에 물이 차고 넘치지만, 마실 물은 없다. 오아시스를 가장한 신기루는 사막길에서 목마른 사람들의 목마름을 더욱 가중시킨다.

현대사회는 희망 부재가 아닌, 희망 과잉 시대다. 달콤한 희망과 위로가 우리를 기진맥진하게 만든다. 우리의 의식을 마비시켜 몽롱하게 만든다. 하나님 나라의 비전이 있는 자(visionary)는 세상의 희망 고문을 이겨내야 한다.

우리 모두 금년에는 신기루와 같은 허황한 꿈을 하나님이 주신 약속과 비전으로 바꾸자. 희망고문의 광야에서 요단강을 건너 하나님이 주신 가나안으로 입성하자.

2020년 1월 12일

삶의 다이어트

나는 '다이어트가 무엇인가'를 생각하며 이렇게 정의했다.
"행복한 삶과 효율적인 삶을 살기 위해 유해한 것과 불필요한 것을 빼는 것이다."

사전에서는 다이어트를 "치료나 체중 조절을 위한 규정식"이라고 했다.

다이어트는 처음에는 종교적인 목적에서 출발하였다. 중세의 수도자들이 종교적인 영감을 얻기 위해 단식을 했다.

다이어트 방법 가운데 18세기 초에는 비누를 갉아먹는 다이어트, 19세기에는 설사약을 먹는 다이어트도 있었다.

2차 세계대전 당시 독일이 잠수함을 만들었을 때 잠수함의 크기가 작아 승무원에게 감자 다이어트를 시킨 기록도 있다.

고대 스파르타에서는 사람이 가장 적게 먹고 일상의 기능을 할 수 있는 체격의 신장을 155cm로 정하고 그에 맞춰 식사량을 주기도 했다.

이번 코로나19의 재난을 겪으면서 '사회적 거리두기'라는 새로운 풍속도가 생겨나면서 현대인들이 누리는 모든 분야의 풍요로움에서 절제하는 다이어트가 필요하다고 생각한다. 현대사회는 부족해서 오는 부작용보다 과유불급(過猶不及)의 부작용이 더 많다. 과잉보호, 과잉영양, 과잉진료, 과잉진압, 과잉행동장애 등 과잉일반화 현상이 삶에 많은 부작용을 일으킨다.

그런데 이것들이 육체와 정신적 고통을 수반하는 증후군으로 고착되어 사회의 문화를 형성하면서 사람들에게 유해한 영향을 끼치고 있다.

하나님의 영광과 타인에게 유익을 주고, 가족에게 큰 짐이 되지 않기 위해 다이어트는 꼭 필요하다고 생각한다. 그리고 자기 삶의 보람과 행복을 위해 생활의 모든 분야에서 다이어트를 해야 한다고 생각한다.

식생활의 다이어트, 사회활동의 다이어트는 물론이고, 불꽃을 태우며 몰입하기 위한 철저한 자기관리의 다이어트가 필요하다.

그러기 위해서는 육체의 건강을 지속적으로 유지하기 위한 규칙적인 생활과 운동은 필수다. 매 식사 후 30분 이상 운동하며, 하루 한 시간 동안 등산 또는 걷기와 산책이 필요하다. 이렇게 산책하노라면 자연의 경관을 통해 계절 감각을 느끼며 정서적으로 풍요로워진다.

찬송과 클래식 음악을 감상하는 동안 심령의 풍요로움을 누린다. 깊은 심호흡과 묵상을 통해 새로운 영적 에너지를 공급받는다. 독서의 직·간접적인 인생 경험을 통해 삶의 지혜를 얻는다.

이렇게 산다면 90세까지 다른 사람에게 민폐를 끼치지 않고 살 수 있을 것 같다.

문제는 다이어트다.

오지랖을 거두고 하나님과 독대하며 영과 혼과 육의 강건함을 위해 몰입하자.

2020년 3월 22일

곱하기 인생

인생을 숫자로 표현하는 계산법이 있다. 자신만을 위해 사는 인생을 제로(0) 인생이라 부른다. 많은 공적을 쌓고 부를 축적하고 명예와 지위를 얻어도 결국은 죽음 앞에서 헛된 삶을 산, 인생 제로가 된다.

타인에게 해악을 끼치는 마이너스(-) 인생이 있다. 제로 인생과 마이너스 인생을 플러스 인생으로 만드는 유일한 방법은 예수님을 인생의 주인으로 삼고 사는 것이다. 예수님은 맨 앞의 1자가 되어 0을 10으로, 마이너스를 플러스로 만들어 주신다.

믿음으로 산 믿음의 사람들은 누구도 인생이 헛되다고 말하지 않는 이유는 하나님은 헛되지 않은 분이시기 때문이다.

사람들은 모두 더하기 인생으로 살기를 원한다. 그래서 모으고 또 모은다. 영향력을 극대화시키며 끊임없이 부를 축적한다. 명예를 위해 수많은 직함도 갖는다. 회사를 키우기 위해 문어발식 경영을 감행한다.

개인의 역량을 키워 나가는 더하기는 필요하다. 당연히 그래야 한다. 다섯 달란트로 또 다섯 달란트를 남겨야 주님께 칭찬받는다. 더하기 인생을 살지 않으면 악하고 게으른 종으로 책망받는다.

교회가 부흥해야 한다. 교회 건물을 넓히고 예산도 증가하고 교인의 숫자도 늘어나야 한다.

그러나 곱하기 인생이 있다. 노력으로 쌓은 인생을 더하기 인생이라고 한다면, 정직한 삶은 곱하기 인생이다. 아무리 큰 숫자도 영(0)을 곱하면 영이 된다. 아무리 노력해서 쌓아도 부정직한 인생은 영이 되어 폭망(폭싹 망함)하게 된다.

아무리 쌓고 쌓아도 부정직함으로 쌓으면 한순간에 무너지게 된다. 더디 가고 성과가 없어 보여도 정직하게 행하면 곱하기가 되어 0.01에 곱하기 천(1,000)을 곱하면 10이 되는 이치다.

하나님은 말씀하셨다.

"그 작은 자가 천 명을 이루겠고 그 약한 자가 강국을 이룰 것이라 때가 되면 나 여호와가 속히 이루리라"(사 60:22).

갑자기 뻥튀기하겠다는 말씀이 아니다. 하나님의 뜻을 따르며 정직하게 행하는 자에게 약속하신 말씀이다.

오늘도 한 걸음, 아니 반걸음이라도 정직하게 나아가자. 하나님께서 천으로 곱해주시고 만으로 곱해주시는 인생이 될 것이다.

2020년 5월 24일

빼앗긴 봄

지난 4개월 동안의 삶을 한 마디로 '사는 게 사는 것이 아니라'는 말로 대신할 수 있다. 시인 이상화가 쓴 '빼앗긴 들에도 봄은 오는가'라는 시가 생각난다. 우리의 국권은 빼앗겼지만 여전히 봄은 왔고 또 지나갔다.

코로나로 봄을 빼앗기고 산 국민들과 코로나와 사투하며 질병을 이겨내는 환자들이 있다. 이런 와중에서도 코로나를 막아보려고 몸을 던져 수고하는 의료인들과 공무원들의 눈물 어린 모습은 빼앗긴 봄보다 더 따뜻했다. 고맙다는 말로 다 말할 수 없는 뜨거운 눈물이 쏟아진다.

세상에는 힘들고 어려운 일들만 있는 것이 아닌 것을 생각하며 감사한다.

세상에는 악한 사람들만 있는 것이 아니라 선량들이 더 많기에 소망이 있음을 감사한다.

빼앗긴 봄일지라도 우리는 여전히 밭을 갈고 씨앗을 뿌리고 김을 맸어야 했다. 지나간 봄은 다시 오지 않기 때문이다. 신록이 익어가는 계절인 6월을 하루 앞두고 5월 마지막 날, 빼앗긴 4개월의 봄에 심었던 것이 무엇인지 생각해본다.

그나마 휴식이라도 심었다면 회복을 거둘 수 있을 텐데….

크게 심호흡하면서 마음을 가다듬었다면 다시 일어설 수 있는 힘을 축적했을 텐데….

고통 속에 있는 영혼들을 생각하며 긍휼의 마음을 심었다면 하나님께서 주시는 긍휼을 얻을 수 있겠지만, 불평과 불만의 마음만 가졌다면 원망의 열매를 거둘 것밖에 없을 것이다.

빼앗긴 넉 달은 이젠 지나간 세월이다. 그러나 아직 코로나는 물러가지 않았다. 지금부터라도 한숨과 원망을 거두고 하나님께서 어떻게 행하실 것인지 생각하며, 머리를 조아리자.

코로나는 또 하나의 기회라고 이구동성으로 말한다. 우리에게 어떤 기회가 다가올 것인지 기대하자. 항상 기회는 준비한 자에게만 왔다. 벌써 코로나의 열매를 거두고 있는 사람들이 있다. 우리 그리스도인들은 얼마나 행복한지 코로나 정국을 통해 깨달았다.

그리스도인들은 어떤 환경 속에서도 하나님을 바라보며 소망을 가질 수 있다는 것이 얼마나 큰 축복인지 모른다. 한숨이 아닌 기도로, 절망이 아닌 소망으로, 불평이 아닌 찬양으로, 두 손을 하나님께 향하고 기도 무릎으로 나아가자!

> "우리가 사방으로 욱여쌈을 당하여도 싸이지 아니하며 답답한 일을 당하여도 낙심하지 아니하며"(고후 4:8).

주님은 앞문과 뒷문과 옆문이 모두 막혀 있을 때 하늘 문을 열어 주신다.

2020년 5월 31일

직업(職業)

 직업이란 '개인이 사회에서 생활을 영위하고 수입을 얻을 목적으로 한 가지 일에 종사하는 지속적인 사회활동'이라고 정의한다. 그런데 이 말은 피동적인 동기로 시작해서 억지로 한다는 부정적 의미가 내포되어 있는 것으로 보인다.

 그러나 낱말을 뜻풀이하여 곱씹어보면 꼭 그런 것만은 아니다. 직(職)이란 '직무'를 의미한다. 내가 해야 할 일이다. 업(業)이란 내가 이루어야 할 '과업'을 의미한다. 그러므로 직업이란 '내가 할 수 있는 일을 통해 꿈을 이룰 수 있도록 하는 것'이라는 의미다. 그 일을 통해 수입을 얻는 것은 수고의 대가로 당연한 것이다.

 종교개혁자들은 직업을 단순히 돈벌이의 수단으로만 여기지 않았다. 직업을 돈을 벌기 위함보다는 인생의 과업과 하나님의 사명을 이루기 위한 방법으로 생각했다. 그들은 그리스도인들의 삶을 '하나님의 부르심과 맡기심'으로 보았다. 성도의 삶에 대해 '하나님의 사역을 위한 사명과 세상에서 소금으로 살아야 할 사명'을 동일하게 보았다.

 종교개혁자 존 칼뱅(John Calvin, 1509~1564)은 이렇게 말한다.

 "목사의 한 편의 설교와 구두 수선공의 구두를 수선하는 일은 똑

같이 소중한 일이다. 다만 무엇이 복음 증거에 더 효과적인가가 다를 뿐이다."

하나님의 자녀들이 하나님의 부르심으로 일하는 모든 것에는 성(聖)과 속(俗)의 구별이 없다는 말이다.

그리스도인들은 마땅히 '과업, 또는 사명을 더 크게 생각하는 직업의식'을 가져야 한다. 수입이라는 외적 동기부여가 아닌 사명이라는 내적 동기부여로 사는 사람들이기 때문이다.

세계적인 석학이자 런던대학교 대니얼 케이블(Daniel M. Cable) 교수는 이렇게 말한다.

"외적 보상이 아무리 많이 주어져도 그것만을 위해 지루하고 의미 없는 일을 하는 사람은 스스로 병든다."

외적 보상을 바라고 일하면 창의력이 떨어질 뿐만 아니라, 우울감과 불행감이 높아지는 것이 사실이다.

자신의 직업을 사명으로 알고 행복하게 일을 수행하는 사람에게 주어지는 보상이 많아야 한다. 그런 사회가 하나님의 공의가 이루어지는 세상이다. 요즘 돈만 생각하며 직업을 선택하는 세태를 보면서 안타깝다.

하나님께서 나를 통하여 하고자 하시는 일이 무엇인가? 내가 하는 일을 통해 이루고자 하시는 것은 무엇인가?

나의 직업을 통해 어떤 일을 이루기를 원하시는가를 항상 생각하자.

2020년 6월 7일

옷 잘 입는 사람

하나님은 중심을 보시지만 사람은 겉모습을 보고 판단하는 경우가 많다. 그래서 "옷이 날개"라는 속담이 생겼는지 모른다. 성경의 인물 중 겉의 화려함의 옷을 입은 하나님의 사람은 없었다.

다윗은 보잘것없는 목동으로 그의 외모는 형들과 비교해 무시당할 만했다. 세례 요한은 제사장의 옷을 벗어버리고 광야에서 낙타털 옷에 가죽 띠를 띠고 다녔다.

주님에 대해 이사야서 53장 2절에 이렇게 묘사하고 있다.

> "그는 주 앞에서 자라나기를 연한 순 같고 마른 땅에서 나온 줄기 같아서 고운 모양도 없고 풍채도 없은즉 우리의 보기에 흠모할 만한 아름다운 것이 없도다."

사람이 옷을 입는 이유는 수치를 가리기 위해서였다. 아담과 하와가 범죄한 후에 나뭇잎으로 치마를 삼아 자신의 수치를 가렸다.

그 후 사람들은 여러 가지 이유로 옷을 입는다. 몸을 보호하기 위해서 옷을 입는다. 자신의 업무에 따라 옷을 입는다. 자신의 신분에 맞춰 옷을 입기도 한다. 일체감을 주기 위해 유니폼을 입기도 한다. 자신을 아름답게 보이기 위해 옷을 입는다.

그래서 옷은 패션의 절정이라고 할 수 있다. 금년에 무더위와 장마가 일찍 찾아오니 벌써 노출이 심한 옷을 입는 사람들이 눈에 띈다. 그래서 어쩔 수 없이 예배의 복장에 대해 말하지 않을 수 없게 되었다.

역사상 가장 광기 어린 사치를 일삼았던, 필리핀 대통령 마르코스의 부인 이멜다(Imelda Trinidad Romualdez, 1929~)는 3,000여 켤레의 구두와 속옷 4,000개, 수천 개의 고급 백을 가진 허영과 사치의 대명사가 되었다.

겉모습의 화려함에 대해 성경은 이렇게 말씀한다.

"너희의 단장은 머리를 꾸미고 금을 차고 아름다운 옷을 입는 외모로 하지 말고"(벧전 3:3).

성도가 꾸며야 할 단장은 '온유하고 안정한 심령'이라고 말씀한다. 겉모습을 보고 사람을 판단하지 말라고 말씀한다.

"너희가 아름다운 옷을 입은 자를 눈여겨보고 말하되 여기 좋은 자리에 앉으소서 하고 또 가난한 자에게 말하되 너는 거기 서 있든지 내 발등상 아래에 앉으라 하면"(약 2:3).

옷을 잘 입는 사람을 영어로 'sharp dresser, smart dresser'라고 한다. '맵시 있고 단정하다'는 뜻이다.

우리는 겉모습의 옷이든지, 심령의 단정한 옷이든지 옷 잘 입는 사람이 되자.

"오직 주 예수 그리스도로 옷 입고 정욕을 위하여 육신의 일을 도모하지 말라"(롬 13:14).

2020년 6월 14일

감사의 가성비(價性比)

믿음이란 무엇인가? "믿음은 바라는 것들의 실상이요, 보이지 않는 것들의 증거"(히 11:1)다. 믿음의 눈을 가지고 보아야만 보이는 것들이 있다. 그것은 하나님의 천지창조 사역이요, 하늘의 상급 등이다.

믿음으로 사는 성도들은 세상 사람들이 보지 못하는 하늘에 감춰진 것들을 보고 사는 사람들이다. 이렇게 믿음의 눈으로 사는 성도들의 두드러진 특징이 있는데, 그것은 감사하며 사는 삶이다.

성경에 "범사에 감사하라"라고 말씀하신 이유가 바로 여기에 있다.

감사는 삶에 투자하는 것이다. 우리는 감사를 '괜찮은 결과가 있을 때 갖는 반응'으로만 생각하는데, 감사는 투자하는 것이요, 삶의 씨앗을 뿌리는 것이다. 감사의 씨를 심으면 감사의 꽃을 피워 감사의 열매를 맺는다.

캘리포니아주립대학교 심리학과 로버트 에몬스(Robert Emmons) 교수는 감사에 대해 실험을 했다.

매일 고마운 일 다섯 가지를 쓰게 한 그룹과 그렇지 않은 그룹을 지속적으로 조사했는데, 고마운 것을 쓴 그룹은 그렇지 않은 그룹보다 훨씬 더 스트레스를 덜 받았다. 그는 이렇게 보고한다.

"감사가 많은 사람은 감사가 부족한 사람들에 비해 긍정적인 감정이나 삶에 대한 만족도가 높고, 우울증이나 근심, 질투심 같은 부정적인 감정이 적다는 것이 증명되었다. 그들은 또 이해심이 많고, 용서를 잘하고, 협조적이고 도움을 베푸는 사회 지향적인 성향을 지니고 있다."

간디(Mahatma Gandhi, 1869~1948)가 "감사의 분량은 곧 행복의 분량"이라고 말한 것처럼 감사와 행복은 비례한다. 감사의 시작은 '그럼에도 불구하고'에서부터 시작한다. 어려운 상황 가운데에서도 감사하는 마음을 가질 수 있다면, 인생을 다르게 볼 수 있는 지혜와 안목을 가질 수 있다.

요즘 '가성비'(價性比)라는 말을 많이 쓰는데, 이 말은 '가격 대비 성능'을 의미한다. 인간이 쓰는 수만 마디의 말 중에 가장 가성비가 높은 말은 감사하다는 말이다. 감사하다는 말은 상대의 마음을 너그럽게 한다.

감사하다는 말은 듣는 사람에게 나에 대한 좋은 인상을 갖도록 한다. 감사하다는 말을 많이 하면 내 마음이 푸근해진다.

감사하다는 말은 하나님의 축복을 담는 그릇이다.

오늘도 가장 가성비 높은 '감사하다'는 말을 입에 달고 살자.

2020년 7월 19일

얼씨구 심리

우리말에 '얼씨구'라는 말이 있다. 얼씨구는 흥에 겨워 떠들며 장단을 맞출 때 내는 말이다. 한편 '얼씨구 꼴 좋다'는 표현과 같이 상대방의 하는 행동이나 말이 아니꼬워서 조롱할 때 '얼씨구'라고 쓰기도 한다.

'얼씨구'라는 말이 긍정적으로 쓰이거나 부정적으로 쓰이거나 모두 우리의 감정을 나타내는 말이다. 영어의 'whoopee, yippee, hurrah, hurray' 등과 같은 표현이라고 할 수 있다.

내가 처음 미국을 방문하여 한국식당에 갔을 때 벽에 붙어 있는 이런 글을 보았다. '노세 노세 젊어서 노세. 늙어지면 못 노나니.' 이것을 영어로 번역까지 해서 나란히 붙여놓았다. 'Play play young play. old man no play.'

이 노래의 시작은 중세 때 독일 대학생들이 라틴어로 된 가사를 이렇게 노래하는 데서 시작되었다.

제목은 'Gaudeamus lgitur'(청춘을 즐기세), 노랫말은 이렇게 시작한다. "Gaudeamus lgitur Juvenes dum sumus. Post jucumdum juventutem. Post molestam senctutem. Nos habebit humus."

영어와 한국어로 번역하면 이렇다.

"Let us rejoice, therefore while we are young. After a pleasant youth. After trouble some old age. The earth will have us."

"우리가 젊을 때 기뻐하자. 즐거운 젊음 후, 노년에 문제가 생긴 후에, 지구가 우리를 데려갈 것이다."

우리 민족은 일에 대해 찌들어 살았던 때가 있었기에 '신선놀음'을 동경했다. 양반들이 여름날에도 하얀 모시 적삼에 한들한들 부채질하면서 하인 한둘을 데리고 높은 정자에 앉아서 담뱃대 길게 물고 바둑을 두는 그런 모습 말이다.

미국의 어느 공동묘지에 가 보았다. 그런데 그 공동묘지에는 한국 사람들은 묻히지 않는다는 것이다. 그곳 공동묘지는 모두 좁은 땅(약 1평방미터)을 깊이 파고 시신을 세워서 입관(立棺)으로 묻었다. 한국 사람들이 선호하지 않은 이유는 '평생 서서 일만 하다가 죽어서 편하게 눕고 싶은데 죽어서도 서 있으니 안 간다'라는 것이다.

요즘 코로나로 덕을 보며 '얼씨구나' 하는 사람들이 있다. 온라인 예배를 핑계로 '얼씨구…' 하는 사람도 있다. 얼씨구는 하나님이 주신 보너스가 아니다. 우리 모두 얼씨구 심리를 버리고 신실하게 살자.

2020년 8월 23일

새벽이슬 같은 노인(露人)

노인은 나이 들어 늙은 사람을 가리키는 말이다. 그래서 노인이라는 말은 부정적인 의미가 짙다. 사람들은 모두 늙어 노인이 되지만, 노인이라고 모두 똑같은 노인이 아니다.

성경은 "백발은 영화의 면류관이라 공의로운 길에서 얻으리라"(잠 16:31)라고 말씀한다.

'백발은 영화의 면류관'이라는 말은, 늙음은 그 자체가 '영광의 면류관'이라는 뜻이다.

그런데 이 면류관은 아무나 얻는 것이 아니고 공의로운 길에서 얻는다. 요즘 노인을 사회의 문제로만 여기는데 나는 이것을 못마땅하게 여긴다.

노인들은 말한다. "너도 늙어봐라!"

이 말은 노인이 되면 너도 어쩔 수 없다는 말이고, 젊은 사람들을 향한 비아냥거리는 말일 수 있다. '곱게 늙어야 한다'는 말을 생각하며 살자.

여러 부류의 노인이 있다.

나이가 들어가면서 사소한 일에도 성질을 부리며, 어떤 일이든지 화부터 내며, 성화를 참지 못하고 신경질적인 삶을 사는 노인(怒人)이 있다.

눈치 없고 둔하여 자기 자리를 모르고 어리석은 노인(魯人)이 있다.

일에 빠져 평생 일을 놓지 못하며 사는 노인(勞人)도 있다. 거기에 지칠 정도로 일에 집착하며, 온갖 것에 간섭하는 노인(惱人)이 있다.

평생 무엇엔가 매여 종노릇만 하다가 자신의 삶을 살지 못하는 노인(奴人)이 있다. 나이 들어 배낭 메고 문화 유적지며 자연의 경관을 즐기면서 여행하고 사는 노인(路人)이 있다.

그러나 새벽이슬을 머금고 마지막까지 베풀며 사는 노인(露人)도 있다.

우리는 나이가 들면서 어떤 노인으로 살고 있는지 생각해보자. 우리가 추구해야 할 노인은 '이슬을 머금은 노인(露人)'이 아닌가 생각한다.

성경은 청년들을 '새벽이슬 같다'고 한다.

> "주의 권능의 날에 주의 백성이 거룩한 옷을 입고 즐거이 헌신하니 새벽이슬 같은 주의 청년들이 주께 나오는도다"(시 110:3).

새벽이슬 같은 노인(露人)은 늙어도 거룩한 옷을 입고 산다. 새벽이슬 같은 노인은 나이가 들어도 즐거이 헌신한다. 새벽이슬 같은 노인들은 나이가 들수록 주님께 가까이 나아간다.

어떤 노인으로 살아갈 것인지 선택의 몫은 나 자신에게 달려있다.

민음의 족장들은 모두 새벽이슬과 같은 노인(露人)으로 살았다. 그들은 복의 근원으로 살았다.

그들은 후손에게 축복해 주었다.

그들은 자자손손 천대까지 '새벽이슬 같은 후손'으로 살아가도록 민음을 유산으로 물려주었다.

2020년 8월 30일

'시간 나서'와 '시간 내서'

시간은 곧 생명이다. 사람이 100세를 산다면 36,500일을 사는 것이요, 876,000시간을 사는 것이다. 내가 1시간을 낸다는 것은 내 생명의 1/876,000을 내주는 것이다.

시간을 쓰는 것은 자신의 제한된 생명의 자원을 쓰는 것이다. 그래서 '시간은 금'이라는 말을 하는지 모르겠다. 시간이 남아도는 사람이 있는가 하면, 시간이 없어서 쩔쩔매는 사람이 있다.

시간을 낭비하는 사람이 있는가 하면, 시간을 금쪽같이 아끼는 사람이 있다.

할 일 없이 노니는 사람이 있는가 하면, 할 일은 많고 세계는 넓은 사람이 있다. 시간을 자신만을 위하여 쓰는 사람이 있는가 하면, 시간을 남을 위해 쓰는 사람도 있다. 때로는 시간을 하나님만을 위해 쓰는 사람도 있다.

"시간을 내서 내게 오는 사람과 시간이 나서 내게 오는 사람을 구분하고 살라"는 말이 있다.

지혜 있는 사람은 이것을 구별할 줄 안다. 지혜 있는 사람은 자신의 시간을 구별해서 쓸 줄 안다. 서양 속담에 이런 말이 있다.

"당신이 누구인지를 알려면 아무도 없을 때, 자기만의 시간이 주어졌을 때, 어떤 일을 하는지를 보라."

사람은 직장에 가면 직장에서 주어진 일을 한다. 사람은 다른 사람이 볼 때는 가려서 행동을 한다. 그러나 자신만 있을 때, 자유시간이 주어졌을 때는 자기의 내면이 시간에 드러난다.

잠만 자는 사람은 피곤한 사람이다. 운동을 하는 사람은 건강을 챙기는 사람이다. 취미활동을 하는 사람은 인생을 즐기는 사람이다. 남을 위해 봉사하는 사람은 섬기는 사람이다. 경건을 훈련하는 사람은 하나님께 소망을 두는 사람이다.

주님은 비유로 말씀하셨다. 포도원 주인이 품꾼을 데려다 일을 시켰다. 아침 일찍, 정오에, 해 질 녘에 온 사람들이 있었는데 모두 할 일이 없었던 사람들이다.

나는 이 비유를 통해서 하나님은 어떤 분이신가 생각을 해봤다. '하나님은 시간이 남아돌아서 할 일 없이 살아가는 인생을 시간을 내서 하나님의 일을 하고 살아가도록 하시는 분이시다.'

하나님은 말씀하신다.

> "그런즉 너희가 어떻게 행할지를 자세히 주의하여 지혜 없는 자같이 하지 말고 오직 지혜 있는 자같이 하여 세월을 아끼라. 때가 악하니라"(엡 5:15~16).

나에게 생명의 시간을 내서 오는 사람이 누구인지 구별하면서 살아가자.

  나는 시간이 남아돌아서 할 일 없이 살아가는 사람인가?

  시간을 내서 할 일을 하며 살아가는 사람인가?

  지금 하고 있는 일이 시간을 내서 하는 일이라면 생명만큼 소중한 일일 것이다.

2020년 9월 13일

손해 보는 즐거움

인간은 즐거움을 위해 살아간다. 물론 쾌락주의자들의 이론을 따르려고 하는 말이 아니다. 하나님은 우리에게 기쁜 마음, 즐거운 마음, 선한 마음을 주시고 그것을 삶의 방향을 이끄는 도구로 사용하신다. 그러므로 믿음을 가지고 사는 그리스도인들은 하나님이 주시는 즐거움을 바라보고 살아야 한다.

장로교의 전통적인 신조인 웨스트민스터 신앙고백서 대요리문답의 제1문은 "사람의 제일 되는 가장 중요하고 고귀한 목적은 무엇인가?"다. 그 답은 이렇다.

"사람의 제일 되며 가장 중요하고 고귀한 목적은 하나님을 영화롭게 하는 것과 그분을 영원히 마음을 다하여 즐거워하는 것이다."

하나님 자신이 우리의 기쁨과 즐거움이시다. 예수 그리스도가 사신 삶을 본받아 사는 것이 그리스도인의 즐거움이다. 하나님을 따르는 것을 즐거움으로 삼고 사는 것이 신앙생활이다.

세상 사람들은 많이 소유해야 즐겁다고 한다. 짜릿한 감정을 주는 쾌감으로 채워져야 만족하다고 한다. 그래서 육체의 쾌락을 즐거움으로 삼는다. 자신의 생각대로 되어야 즐겁고, 자신이 하고 싶은 일을 할 때 즐겁다고 한다.

중국의 작가 미멍은 SNS를 통해 인기를 얻은 작가다. 그녀는 《개떡 같은 세상에서 즐거움을 유지하는 법》에서 이렇게 쓰고 있다.

"사람은 자신이 좋아하는 일을 할 때 실리를 뛰어넘어 그 일에 몰두하고, 더 나아가 기꺼이 자기 모든 것을 바친다."

자기가 좋아하는 일을 하면 실리를 뛰어넘을 수 있고, 몰두할 수 있고, 삶의 모든 것을 올인할 수 있다는 뜻이다. 내가 좋아하는 일, 내가 추구하는 삶을 살 때 즐거운 것은 사실이다.

그러나 진짜 즐거움은 손해를 보면서도 즐거워하는 것이다. 부모는 자식을 위해 희생하면서 즐거움을 누린다. 참 목자는 양들을 위해 목숨을 바치면서 즐거워한다. 하나님을 위해 손해 보는 즐거움이 있다면 진짜 신앙인이다. 그래서 주님은 말씀하신다.

"인자로 말미암아 사람들이 너희를 미워하며 멀리하고 욕하고 너희 이름을 악하다 하여 버릴 때에는 너희에게 복이 있도다 그날에 기뻐하고 뛰놀라"(눅 6:22~23).

애먼 소리 좀 듣는다고 주님을 떠나는 성도를 보면서 주님은 어떻게 생각하실까 생각하게 된다. 손해를 보고도 기뻐하는 사람이 진짜 기쁨을 아는 사람이다.

내가 지금 주님을 위해 손해 보는 것이 있다고 생각되면 뛰놀자. 기뻐 뛰며 찬양하자.

2020년 9월 27일

든 자리, 난 자리

교회를 개척할 때 세미나를 무척이나 많이 참석했다. 그때 들은 말들이 생각난다. "교회 개척은 부동산이 좌우한다. 좋은 길목에 투자하라.", "교회는 싸우지만 않아도 부흥한다.", "앞문은 열고, 뒷문은 막아라." 지내놓고 생각하니 참고할 만한 말들이었다. 그렇다고 진리는 아니다.

바울 사도는 교회 개척의 철학이 있었다. "또 내가 그리스도의 이름을 부르는 곳에는 복음을 전하지 않기를 힘썼노니 이는 남의 터 위에 건축하지 아니하려 함이라"(롬 15:20)라고 하며, 어떤 사람이 어떤 목적으로 복음을 전하든지 복음을 전한 것으로 만족한다고 했다.

> "그러면 무엇이냐 겉치레로 하나 참으로 하나 무슨 방도로 하든지 전파되는 것은 그리스도니 이로써 나는 기뻐하고 또한 기뻐하리라"(빌 1:18).

자신이든지 타인이든지 복음을 전하는 것으로 만족한다는 말이다.

그러나 우리의 현실은 그렇지 않은 것 같다. 목회 현장에서 가장 고통스럽고, 목회자가 상처를 입는 것은 성도가 교회를 떠나는 것이다. 시험에 들었든지, 당사자의 과오든지, 앓던 이가 빠진 것처럼 느껴지든지 교회를 떠나는 성도의 모습을 보면서 기뻐하는 목회자는 없다.

옛말에 "든 자리는 표시가 나지 않아도, 난 자리는 표시가 난다"라는 말이 있다.

이 땅의 교회는 '하늘나라를 향해 가는 길목의 나들목'과 같다는 생각이다. 목회 현장에서 '드는 성도'가 있고 '나는 성도'가 있기 마련이다.

그런데 나가는 성도의 자리가 크게 보이는 이유가 무엇일까? 사람에게 집착해서가 아닐까?

하나님만 바라보면 성도들이 들고 나는 것이 내 감정에 크게 영향을 주지 않는 것을… 사람에게 집착하기 때문에, 난 자리가 크게 보이지는 않는지 생각해본다.

내가 섬기는 교회에서 떠나 다른 교회로 갔다면 하나님 편에서는 손해가 아니다. 다른 사명을 가지고 더 큰 사명을 위해 떠나갔다면 박수 칠 일이라고 생각한다. 그러나 뺏기고 빼앗아 갔다면 이것은 중대한 목회 윤리에 해당한다.

연말이 다가오니 목회자의 마음에 많은 염려가 생긴다.

"목사님, 금년만 섬기고 가겠습니다.", "금년에만 직분을 감당하고 내년에는 쉬겠습니다." 이런 말을 들을까 봐 긴장되는 계절이 되었다.

우리 모두 소망한다. '든 자리는 많아지고 난 자리는 없었으면' 하는 마음이다. 코로나로 빈자리가 많아졌는데….

2020년 11월 8일

소시오패스 신앙

 최근 어느 조사에 의하면 소시오패스(sociopath)가 전체 인구의 4%라고 하니 우리는 어디에서나 소시오패스를 쉽게 만날 수 있는 시대에 살고 있다.
 소시오패스란, 사회를 뜻하는 '소시오'(socio)와 병의 상태를 의미하는 '패시'(pathy)의 합성어로 '반사회적 인격 장애를 가진 사람'을 말한다.
 소시오패스 증후군을 앓는 사람의 특징은 타인을 속이고 범죄 행위를 하는데도 죄책감을 느끼지 않는다. 사람을 착취의 대상으로만 여겨 지나친 야망과 우월한 태도를 보이기도 한다. 그래서 타인과 공감하지 않으며 감정 기복이 심하다. 충동적인 성향이 강하다. 더욱이 자신의 이익과 관계가 있으면 즉흥적으로 범죄를 저지른다. 지배욕과 정복욕이 강해 자신의 이익을 위해 치밀한 계획을 세운다. 한마디로 비인간적 성품을 가진 사람이다.
 소시오패스의 구체적인 예를 들면 그들은 '용건 없이 말 거는 사람'을 가장 싫어한다. 그래서 사람 관계도 '자신의 필요가 있을 때'만 맺는다. 사람을 자신의 이익의 도구로만 삼기에 자신이 필요할 때만 찾고, 필요 없을 때는 찾지 않는 특색이 있다. 모든 것이 자기중심적이다. 예를 들면 자신의 아버지가 심근경색으로 응급실에 갔다는 말을 들으면, 아버지의 형편을 묻지 않는다. 왜 자기에게 먼저 알리지 않았느냐고 따진다. 어느 병원이 치료비가 더 싸다고 말하며, 자신의 경제적 손실만 따진다.

대부분의 정치꾼(정치인들이 아닌)들과 장사치(사업가가 아닌)들이 여기에 속한다.

12월은 주님께서 도성인신(道成人身)하신 성탄의 달이다. 장사꾼들은 '금년은 코로나로 망쳤다'는 생각으로만 가득 차 있을 것이다. 정치꾼들은 표심만 생각하며 쓰레기 같은 연하카드와 SNS를 통한 문자와 이모티콘을 무차별로 보낼 것이다.

그래서 그럴까? 요즘 한 줄, 육필의 '아날로그 카드'가 돋보인다. 문제는 우리가 그런 일에 대해 순진한 마음으로 속아 넘어간다는 것이다.

순진무구(純眞無垢)한 사람을 우롱하는 소시오패스를 탓하기 전에 우리 스스로가 그런 사람에게 속지 말고 멀리해야 한다.

그러면 우리의 신앙은 어떤가?

내가 필요할 때만 하나님을 찾지는 않는지?

이런 사람을 소시오패스적 신앙을 가진 자라고 부르고 싶다.

코로나를 겪으면서 알곡과 가라지가 구별되는 현실을 보면서 우리 모두 소시오패스적 신앙에서 벗어나자.

2020년 12월 6일

내가 답이다

사람들은 모든 문제는 다른 사람에게 있다고 생각한다. "나는 문제가 없는데 다른 사람이 문제이고, 나는 착한데 사회가 자신을 알아주지 않는다"라고 말한다.

정말 그럴까? 주님은 '눈의 티끌과 들보 비유'를 통해서 "자기 눈 속의 들보를 먼저 빼라"라고 말씀하셨다.

바울 사도도 이렇게 말씀한다.

> "스스로 속이지 말라 하나님은 업신여김을 받지 아니하시나니 사람이 무엇으로 심든지 그대로 거두리라"(갈 6:7).

내가 혹시 사람들에게 받은 상처가 많다고 생각한다면 먼저 자기의 삶과 행동을 깊이 통찰해 봐야 한다. 다른 사람은 상처받지 않는데, 유독 자신만 상처를 많이 받는다고 생각하면 자신에게 문제가 있을 수 있기 때문이다.

자신의 성격, 자기의 행동과 처신, 사회생활 등에 잘못된 것이 없는지 살펴봐야 한다. 그리고 타인과의 관계에서 이기적이지 않은지도 살펴봐야 한다. 사람의 관계는 일방적이지 않기 때문이다.

사람에게는 자신을 아는 네 개의 영역이 있다.

먼저, 자신만 알고 다른 사람은 모르는 영역이다. 이 영역이 클수록 비밀이 많아 아리송한 사람으로 살아간다.

둘째로, 나는 모르는데 다른 사람만 나를 아는 영역이다. 이 영역이 클수록 자기만족에 사는 안하무인(眼下無人)으로 살아가는 사람이다. 자존감과는 다르다.

셋째로, 자신도 알고 타인도 아는 영역이다. 이 영역이 넓을수록 인격을 갖추고 사는 정직한 사람이다. 굳이 이 영역을 넓힐 필요는 없지만 정직하게 살아가면 자연스럽게 이 영역이 넓어진다.

마지막은 나도 모르고 상대도 모르는 영역이 있다. 이 영역은 하나님만 아신다. 이 부분은 자신이 개척해야 할 부분이다. 우리는 이 부분을 간과하는 경향이 많다.

자기개발을 하는 사람일수록 이 부분을 꾸준하게 늘려가는 사람이다.

결국 인생의 답은 자신에게서 찾아야 한다. 해결되지 않는 자신의 문제는 자기 자신에게서 해결의 실마리를 풀고 답을 찾아가면 쉽게 답을 찾을 수 있다. 결국은 자기성찰만이 인생의 답을 찾는 비결이다.

소크라테스의 "너 자신을 알라"(γνῶθι σεαυτόν, Know thyself)라는 말은 지난 2,400여 년 동안 내려오는 자기성찰의 명언이다.

하나님은 말씀하신다. "너희는 인간이다."

히브리어로 인간을 '아담'이라고 한다. 아담이라는 뜻은 '흙으로 만들었다'는 뜻이다. 우리는 우리 자신을 알아야 한다.

인간은 흙으로 창조된 존재다. 인간은 신이 아니다. 내가 누구인지 알고 살아가자.

그러면 나에게 있는 모든 문제의 답을 찾을 수 있다.

2021년 1월 17일

교회에 필요한 세 가지 액체

생명이 존재하기 위해서는 물이 필수적으로 있어야 한다. 맞는 말이다.

예수님은 '씨 뿌리는 자의 비유'에서 네 가지 마음 밭을 비유로 말씀하신다. 그런데 옥토의 밭에서만 삼십 배, 육십 배, 백 배의 결실을 얻게 된다.

그렇지 못한 밭을 설명하시면서 두 번째 밭인 돌밭에 떨어진 씨는 흙이 깊지 않아 말라서 결실하지 못한다고 하신다. 누가복음에서는 "더러는 바위 위에 떨어지매 싹이 났다가 습기가 없으므로 말랐고"(눅 8:6)라고 말씀한다.

같은 말 같지만, 누가복음에서는 열매를 맺으려면 물기, 습기가 있어야 함을 강조하고 있다.

이에 대해 홍정길(1942~) 목사는 '교회는 세 가지 액체가 있어야 한다'고 해석했다. 곧 '눈물과 땀과 피'라고 해석한다.

알레고리칼한 해석이라고 생각이 들지만, 일리가 있다고 생각한다. 주님은 이 땅에 계시면서 웃으시기보다는 눈물을 더 많이 흘리셨다. 십자가를 지시기 전에 예루살렘을 보시고 통곡하며 우셨다.

주님은 겟세마네 동산에서 땀이 피가 되어 흐르듯이 기도하셨다.

주님은 십자가에서 물 한 방울, 피 한 방울을 남기지 않고 우리에게 모두 주셨다.

곧 눈물과 땀과 피가 생명을 살리는 교회에 꼭 있어야 할 세 가지 액체라는 것이다.

교회뿐만 아니라 우리의 삶도 마찬가지다. 젊었을 때 땀을 흘리지 않으면 나이가 들었을 때 눈물로 돌아온다. 매사에 피땀을 흘리지 않고 이룬 것들은 곧 무너지고 마는 것이 세상의 이치다. 뼈저린 실패를 통해 얻는 성공만이 가치 있는 열매가 될 수 있다.

하나님의 교회는 더욱 그렇다. 하나님의 피 값으로 세운 교회는 습기가 마르지 않아야 한다. 이것은 영적 원리요, 하나님이 세우신 법칙이다.

우리는 값싼 은혜에 익숙해져 있다. 이제 시편 말씀을 기억하자.

"울며 씨를 뿌리러 나가는 자는 반드시 기쁨으로 곡식 단을 가지고 돌아오리라"(시 126:6).

하나님의 교회는 예수 그리스도의 십자가의 피로 세워져야 한다. 십자가의 피 위에 세워지지 않은 곳은 교회가 아니다.

성도들의 눈물의 기도가 교회를 교회답게 만든다. 성도들의 땀의 결정체로 교회를 굳게 세워 갈 수 있다.

요즘 코로나19로 예배 모임과 선교, 봉사와 성도의 교제 등이 어려워졌다. 하나님은 지금 알곡과 쭉정이를 구별하는 키질을 하고 계신다. 교회와 성도들을 까부르고 계신다.

더욱더 피와 땀과 눈물로 하나님의 교회를 굳게 세워가자.

2021년 2월 7일

죽기 살기로 걷자

전해 내려오는 이런 말이 있다. '일일 일선, 십면, 백서, 천독, 만보(一日一善, 十面, 白書, 千讀, 萬步)', 즉 하루에 한 가지 이상 선한 일을 하고, 열 명과 만나서 덕담을 나누고, 백 자의 글을 쓰며, 천 자의 글을 읽고, 만 보를 걸으라는 뜻으로, 이것이 건강하고 행복하게 사는 방법이라는 것이다.

코로나로 바깥출입이 힘든 지금 우리는 이 말을 성경말씀 다음으로 마음에 새기고 살아야 한다고 생각한다.

함석헌 선생은 이 말을 입에 달고 살았다.

"편하려면 앉으라. 앉는 것보다 눕는 것이 편하다. 눕는 것보다 잠자는 것이 더 편하다. 가장 편한 것은 죽는 것이다."

편히 살려거든 차라리 죽으라는 말이다. 편리한 것과 편한 것은 구별해야 한다. 편한 것과 평안함도 차별이 있다.

나는 30여 년 전에 미국 캘리포니아 남부의 어느 공동묘지 공원에 간 적이 있다. 그 공원을 안내하는 한국인 가이더가 말했다.

"여기는 한국 사람은 한 사람도 묻히지 않았습니다." 왜냐하면, 이 공동묘지의 특징은 입식 묘지였기 때문이란다.

1미터 정방형의 넓이에, 깊이 2~3미터의 땅을 파고 시신을 입식으로 묻는 묘지였다. 평토장 위에 놋 명패로 뚜껑을 덮어놓았다.

한국 사람들이 거기에 묻히기를 싫어하는 이유는 '내가 평생 서서 일만 했는데 죽어서라도 편히 눕고 싶다'라는 이유라는 것이다.

하나님이 인간만 직립할 수 있도록 창조하신 이유는 걸어 다니면서 일하라는 뜻이 있다고 생각한다. 죽기 살기로 해야 할 일은 '일어서는 것이고, 걷는 것'이다.

최근 뇌 학자들이 밝혀낸 과학적 사실이 있다. 뇌와 발은 하나로 연결되어 있다는 것이다. 뇌가 피곤할 때 걸으면 회복되고, 걸으면 뇌 활동이 활발해져서 창의력이 생긴다는 것이다.

연구실에만 앉아 있으면 창의력을 상실한다. 걸으면 스트레스가 풀린다. 걸으면 머리가 맑아진다. 베토벤은 보름달 아래 밤새 뒤뜰을 거닐면서 '월광 소나타'를 작곡했다. 그가 영감을 받기 위해 걸었던 길은 자연스럽게 오솔길이 되었다.

"누우면 죽고, 걸으면 산다."

이것은 진리와 버금가는 사실이다.

우리가 죽기 살기로 해야 할 일이 있다. 말씀 운동, 기도 운동, 전도 운동, 그리고 걷기 운동이다.

코로나로 힘든 시국에 우리 모두 걷기 운동을 펼쳐서 살길을 찾자. 건강과 체력이 영력이다. 하나님이 건강을 위해 주신 두 다리로 죽기 살기로 걷자.

2021년 2월 28일

대문자로 시작하는 말

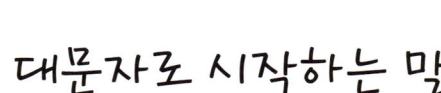

사람의 의사를 소통하는 언어에는 말과 글과 표정 등이 있다. 사람은 말의 언어를 가장 많이 사용한다. 그리고 말보다 글은 품격이 높은 언어다. 문장 실력은 사람의 품격을 높여주기도 한다. 그뿐만 아니라 말과 글의 언어로 담아내지 못하는 표정 언어도 있다.

각각의 언어에는 독특한 의미가 담겨 있다. 그러나 소통이 되지 않은 언어는 답답할 뿐이다. 비대면의 시대에 우리는 얼굴을 보지 못하고 일방적인 소통의 방법에만 의존하기에 때로는 쌍방의 의사가 소통되지 못하는 경우가 있음을 경험한다.

바울 사도는 스스로 "말에는 부족하다"라고 한다(고후 11:6). 선교사인 그가 어떻게 말에 능통하지 못하고 선교사역을 감당했는지 의아할 정도다. 그러나 많은 말보다는 지식과 열정, 그리고 진실함이 말의 부족함을 상쇄하고도 남았을 것이라 짐작할 수 있다.

사람의 품격은 말에서 나타난다. 말로 표현하지 못하는 것은 표정을 담아내는 마음의 언어가 있다.

말을 더듬는 사람이 대웅변가가 된 경우가 있다. 진심을 담아 천천히 말하는 훈련을 했더니, 후에 달변가가 되었다고 한다. 진심 어린 한마디의 말은 달변을 능가한다.

문자 언어는 말의 언어에서 표현하지 못한 또 다른 숨어 있는 뜻을 나타내기도 한다. 필체가 그렇고, 문장 실력이 그렇다. 요즘은 모두가 자판에서 나오는 활자를 쓰고 있으니 필체는 크게 문제가 되지 않는다고 생각하지만, 그렇지 않다.

서양의 문자는 소문자와 대문자가 있다. 문장의 시작과 고유명사 등의 시작하는 스펠링(Spelling)을 대문자로 쓴다. 그리고 하나님을 표현할 때도 대문자로 시작한다.

God와 god는 다르다. 나는 'God'으로 쓰는 것까지도 황송하여 'GOD'으로 쓴다.

비즈니스 세계를 변화시킨 혁명적 경영 전도사 톰 피터스(Tom Peters, 1942~)는 《미래를 경영하라》에서 "나는 Client의 C는 항상 대문자로 쓴다"라고 했다. 그는 그렇게 쓰는 이유를 존경하는 표시라고 했다.

우리말에서 호칭에 꼭 '님'자를 붙이는 것을 의미한다고 할 수 있다. 그는 고객의 첫 문자를 대문자로 쓰지 않는(client) 사원에게 중한 벌로 다스린다고 한다.

강의자나 설교자가 청중을 향하며 반말을 쓰는 경우를 보면 속이 상한다. 상대방을 존중하자. 그리고 항상 이렇게 쓰자.

'Hus, Wife, Son, Daughter, Elder, Minister' 등등… 그리고 그런 마음으로 상대를 대하자!

2021년 3월 14일

버릴 줄 아는 지도자

우리는 모두 따르는 자(follower)요, 또한 인도자(leader)다. 아버지의 자녀로 태어났으니 아버지를 따르는 자요, 내가 아버지가 되었으니 자녀의 인도자다. 교회에서도 나는 먼저 믿은 자들을 따르는 자요, 처음 믿는 성도들에게는 인도자다. "따르는 일이 어려운가, 인도하는 일이 어려운가?" 이런 질문은 어리석은 질문이다. 왜냐면 어떤 형편에 있든지 자신의 몫이요, 그것의 책임은 자신에게 있기 때문이다. 따르는 자든지, 인도하는 자든지 각자의 말과 행동은 하나님 앞에서 심판받게 된다.

"이러므로 우리 각 사람이 자기 일을 하나님께 직고하리라"(롬 14:12).

그러나 굳이 말한다면 리더의 역할이 더 어려운 것이 사실이다. 성경은 이렇게 말씀한다.

"내 형제들아 너희는 선생 된 우리가 더 큰 심판을 받을 줄 알고 선생이 많이 되지 말라"(약 3:1).

지금 우리가 겪고 있는 모든 문제의 대부분은 먼저 된 자, 지도자에게 책임이 있다. 지도자는 모든 것이 혼재된 상황과 현실에서 자신의 위치를 알고 그 자리에서 어떤 역할을 해야 할지 알아야 한다.

주님은 진정한 리더십은 섬김에 있음을 말씀하신다.

"너희 중에 누구든지 으뜸이 되고자 하는 자는 모든 사람의 종이 되어야 하리라"(막 10:44).

온고지신(溫故知新)이라는 말과 같이 옛것과 새로운 것의 순환을 통해 역사는 올바른 길로 나아갈 수 있다. 그런데 과거에 매몰되어 있다면 미래를 향해 나아갈 수 없는 것은 자명하다.

세계적 경영학자인 피터 드러커(Peter Drucker, 1909~2005) 박사는 "리더는 버릴 줄 알아야 한다"라고 했다.

'주변에서 부추기는 것에 대해서, 성공이 손에 잡힐 듯 말 듯한 것에서' 결정을 내리고 과감하게 버릴 줄 아는 사람이 진정한 지도자라는 것이다.

경영학의 '매몰원가'(Sunk Cost)라는 말이 있다.

매몰원가라는 말은 '생산에 들어간 비용 가운데 회수가 불가능하여 원가 계산에 포함하지 않는 부분'을 일컫는 말이다.

　그런데 지금까지 투자한 것이 아깝고, 실패를 인정하기 싫어서 과거와 단절하지 못하는 경우가 많다. 쉽게 말해 본전 생각에 매몰되어 사는 경우다.

　지도자는 과거에 매몰되어 사는 사람이 아니다. 지도자는 지나간 일을 과감하게 버릴 줄 아는 사람이다.

2021년 4월 18일

완벽을 추구하는 사람들

서양의학의 아버지라고 불리는 히포크라테스(Hippocrates, BC 460~370)는 "혈액과 점액, 흑담즙, 황담즙의 네 개의 체액이 모여 살아 있는 사람의 몸을 구성한다"라고 했다. 이것이 오늘날 사람을 네 가지 성격으로 분류하는 DISC(Dominance, Influence, Steadiness, Conscientiousness) 이론으로 발전했다.

그중에서 신중형(Conscientiousness) 기질의 사람들은 모든 일에 완벽을 추구하는 성향을 보인다. 성경의 대표적인 사람이 모세다. 신중형의 사람은 뛰어난 두뇌와 집중력으로 맡은 일을 성취하기에 인류 사회의 발전에 많은 공헌을 한다. 그러나 이들은 자기 일에 대해 평가받거나 비난받는 것에 대해 울분을 터뜨릴 정도로 싫어하는 단점이 있다.

미켈란젤로(Michelangelo Buonarroti, 1475)의 천장화 '천지창조'는 신의 경지에 이르렀다고 할 만큼 완벽한 작품으로 알려져 있다. 그는 4년 동안 물감을 개서 주는 조수 한 명만 데리고 7층 높이의 비계 위에 올라가서 마른 빵으로 식사하며 누워서 홀로 작업을 했다.

오랫동안 장화를 벗지 않고 지내는 바람에 발이 장화에 달라붙어서 장화를 벗기 위해 칼로 살을 베어낼 정도였다고 한다. 그는 '천지창조'를 완성한 후 그의 시력은 나빠져서 편지를 읽을 때도 한동안 누워서 읽어야 할 정도였다.

작업을 지켜보던 친구가 "이젠 그만하면 훌륭하다"라는 말에 "하나님은 나의 허술한 점을 다 보고 계신다"라는 말로 대답했다.

심리학자들은 "너무 완벽하려고 하면 오히려 완벽과 더욱더 멀어진다"라고 말한다. 너무 완벽하려고 하면 쉽게 지치고 앞으로 나가지 못한다는 뜻이다. 지나치게 잘하려고 해서 오히려 잘할 수 없게 되는 것을 '완벽의 마비'(paralysis of perfection)라고 부른다.

아주 뛰어나지는 못해도 그 일 자체를 즐기고 과정을 즐기다 보면 조금씩 나아지는 것이 삶의 이치다. 아마존의 어느 부족은 목걸이를 만들 때 일부러 흠집 난 구슬 한 개씩을 끼워 넣고 이것을 '영혼의 구슬'(soul bead)이라고 부른다. 영혼을 지닌 어떤 존재도 완벽할 수 없다는 것이다.

고대 페르시아의 카펫 직조공들 역시 아름다운 문양으로 섬세하게 짠 카펫에 의도적으로 흠을 하나 남겨 놓았다. 오직 신만이 완벽하며 인간은 불완전한 존재라고 믿기 때문이다. 이것을 '페르시아의 흠'(persian flaw)이라고 한다.

무슨 일을 하든지 이루고자 하는 마음을 갖되 완벽을 추구하지는 말자. 이것이 피조물인 인간의 겸손함이다.

피조물인 인간은 아무리 노력해도 완벽할 수 없다.

이것을 아는 사람은 하나님 외에는 완벽하지 않음을 인정하고 항상 겸손할 수 있다.

2021년 4월 25일

거짓말

인간은 기본적으로 두 개의 국어를 한다고 한다. 첫째는 자신의 모국어요, 또 하나는 거짓말이다. 그런데 이 두 가지 말은 성장하면서 자연스럽게 배운다는 공통점이 있다. 심리학자들에 의하면, "유아들은 거짓말을 하지 못하고 6세가 되어서야 거짓말을 하기 시작한다"라고 한다. 거짓말을 '생존을 위해 터득한 언어'라고 부른다.

어른들은 아이들에게 '너는 아빠가 좋아, 엄마가 좋아?' 하는 식의 난감한 질문을 던진다. 아이들이 눈치를 보면서 자신의 속마음을 내비치지 못하는 것은 생존의 방식이다. 이렇게 솔직하지 못한 말로부터 시작하는 거짓말은 생존의 수단이 되어버리는 것이다.

'노인이 죽고 싶다는 말, 처녀가 시집 안 간다는 말, 장사꾼이 손해 보고 판다는 말'을 3대 거짓말이라고 한다. 체면문화 속에서 사는 우리는 거짓말과 더불어 산다고 해도 과언이 아니다.

거짓말의 유형에는 몇 가지가 있다. 사실을 은폐, 왜곡, 조작하거나 과장, 또는 축소하는 모든 것이 거짓말에 속한다. 그런데 그런 것들이 타인에게 위해를 가하는 데에 문제의 심각성이 있다.

사람들은 새빨간 거짓말과 하얀 거짓말로 구분하는데, 어떻든지 모두 거짓말이다. 그래서 주님은 분명하게 말씀하신다.

> "오직 너희 말은 옳다 옳다, 아니라 아니라 하라 이에서 지나는 것은 악으로부터 나느니라"(마 5:37).

NIV 역에서는 'simply'라는 단어를 통해 간단하게 진실만 말하라고 한다.

성경은 사탄을 '참소하는 자, 거짓의 아비'라고 말씀한다. 그리고 우리의 모든 언행심사를 하나님의 심판대 앞에서 심판받을 것을 경고하고 있다.

> "이러므로 우리 각 사람이 자기 일을 하나님께 직고하리라"(롬 14:12).

유교 사상에 바탕을 둔 우리의 체면문화는 거짓말을 대수롭잖게 여긴다. 거짓말을 처세로까지 발전시키고 있다. 그러나 기독교 사상에 바탕을 둔 서양의 문화는 어떤 거짓말도 용납하지 않는다. 서양 사회에서는 '거짓말쟁이'(liar)로 낙인이 찍히면 그 사회에서 생존할 수 없다. 한 번 신용불량자가 되면 회생 불가능할 정도다.

우리는 이 말씀을 항상 기억하고 살아야 한다.

"만물보다 거짓되고 심히 부패한 것은 마음이라 누가 능히 이를 알리요마는 나 여호와는 심장을 살피며 폐부를 시험하고 각각 그의 행위와 그의 행실대로 보응하나니"(렘 17:9~10).

이번 주일은 어린이 주일이다. 자녀들이 참말만 하도록 가르치자.

2021년 5월 2일

사실과 진실의 차이

인간사회에 진실이 얼마나 있을까? 하나님은 단정적으로 인간에게 진실을 찾을 수 없다고 말씀하신다.

"만물보다 거짓되고 심히 부패한 것은 마음이라"(렘 17:9a).

하나님은 타락한 인간에게도 하나님을 알 만한 것, 곧 양심을 남겨두셨다. 그래서 하나님 앞에 섰을 때 핑계하지 못하도록 하셨다. 그러나 인간의 부패함이 하나님을 영화롭게 하지도 않고 하나님의 진리를 거짓으로 바꾸며 살아간다.

이런 인간의 모습을 로마서 1장에서 이렇게 결론지어 말씀하신다.

"그들이 이 같은 일을 행하는 자는 사형에 해당한다고 하나님께서 정하심을 알고도 자기들만 행할 뿐 아니라 또한 그런 일을 행하는 자들을 옳다 하느니라"(롬 1:32).

사실과 진실은 다르다. 사실은 '실제로 있었던 일이나 현재에 있는 일'을 말한다. 곧 우리가 흔히 쓰는 말인 팩트(fact)를 가리키는 말이다. 모든 과학은 사실을 근거로 한다. 한두 번, 어쩌다 일어나는 것을 과학에서는 사실의 근거로 삼지 않는다. 누가 언제 어디서나 수백, 수천 번을 반복해도 같은 결과를 얻는 것을 과학적 사실이라고 한다.

그러나 진실은 다르다. 아무리 사실이라고 해도 그것에 숨겨진 다른 뜻이 있다면 진실이 아니다. 예를 들면, 내가 다른 사람을 도와준 것은 사실이다. 그러나 이면에 그것을 이용하여 다른 목적을 이루고자 하는 마음이 있었다면 그것은 선행이 아니다. 이것을 가리켜 심리학자들은 "사실과 진실은 다르다"라고 말한다.

사람들은 사실과 진실을 구별하지 못한다. 그래서 속고 산다. 그러나 하나님은 사람의 중심을 아시기에 속지 않으신다. 부자의 많은 연보를 책망하시고, 과부의 두 렙돈의 연보를 칭찬하시는 이유가 여기에 있다.

우리는 부자의 위선적인 많은 액수의 연보에 속는다. 하나님은 우리의 진실, 즉 마음을 심판하신다. '음욕을 품은 마음, 미워하는 마음, 훔치고 싶은 마음'을 이미 '간음했고, 살인했고, 도둑질한 것'과 동일하게 여기신다. 사람들은 양심의 자유를 앞세워 '마음만 가졌을 뿐'이라고 하지만, 하나님은 마음에 계획한 것을 행동에 옮긴 것으로 간주하신다는 것이다.

세상에서는 모든 일을 사실에 근거해서 판단한다. 그러나 하나님은 진실에 의해서 심판하신다. 선한 양심을 저버리지 말고 선한 마음으로 진실하게 살자.

2021년 5월 9일

3부

인가귀도(引家歸道)

우민화

　지도자가 가장 꺼리는 사람이 누굴까? 자신보다 뛰어난 사람이다. 그래서 최고의 자리에 있는 사람은 자기보다 뛰어난 사람에 대해 경계심을 갖는다. 그리고 우민정책을 쓴다. 그것이 자신을 지키는 길이라고 생각하기 때문이다.

　중국 《양수전》에 나오는 '계륵(鷄肋)에 얽힌 이야기는 유명하다. 위나라의 조조가 촉의 유비와 한중 땅을 놓고 싸울 때, 장수들이 내일의 전술을 묻는 말에 조조는 '계륵'이라고만 했다. 도저히 알아들을 수 없는 말이었다.

　그러나 양수라는 장수는 그 뜻을 알아차리고 '내일 회군할 것'이라고 했던 것이 화근이 되어 조조는 자기의 뜻을 읽어냈던 양수를 죽이게 되었고 능력 있는 장수를 버리는 불행을 겪었다.

　우리 속담에 '모르는 게 약'이라는 말이 있다. 죽지 않으려면 모르는 척하고 사는 것도 하나의 방법이요, 지혜라는 것이다. 그러나 사람은 알고 있는 것을 숨길 수가 없다.

　신라 48대 경문왕의 설화 중 '임금님 귀는 당나귀 귀'에 얽힌 이야기가 있다.

모르는 것을 아는 척하는 것도 어려운 일이지만, 아는 것을 숨기는 것은 더 어렵다. 그래서 지도자 중에는 아예 우민정책을 써서 백성들을 자신의 마음대로 다스리려고 한다.

세계 역사의 가장 획기적인 변화의 사건은 18세기 말의 '프랑스혁명'이라고 역사학자들은 말한다. 그러나 프랑스혁명이 성공할 수 있었던 배경에는 16세기부터 불어왔던 '계몽주의'의 사상을 배경으로 한다.

중세 암흑기 가톨릭과 철의 장벽 북한이 그런 우민화 정책을 쓰고 있는 집단이다. 오늘 우리의 현실은 어떤가? 세상의 철학과 사상은 절대 진리를 배격하는 다원론이 대세를 이루고 있다.

현대 교회는 진리를 수호한다는 미명 아래 폐쇄적이지 않은지, 하나님의 진리 수호가 아닌 단순히 기득권을 지키기 위한 우민화 정책을 쓰고 있지 않은지 생각해봐야 한다.

합리적인 생각을 가진 지식인과 현대인들에게 그런 모습은 '제2의 종교개혁'이 필요하다고 말할 수밖에 없도록 하고 있다. 진리와 복음은 말 아래 숨겨지지 않는다. 우리를 세상의 빛이 되게 하신 하나님은 등경 위에 두기를 원하신다. 진정한 리더십은 투명성과 정당성에 있다.

4차 산업시대를 맞아 더 이상 숨기려고 하지 말자.

코로나 이후의 시대를 맞아 모든 것이 오픈되는 때에 더 이상 숨기지 말자. 절대로 뒷거래하지 말자.

2021년 6월 13일

Gab-jill & Kkon-Dae(갑질과 꼰대)

　최근 국제사회에서 한국에서만 나타나는 독특한 사건을 표현하는 말을 영어로 번역하기가 어려워 한국말을 음역하여 쓰는 단어들이 있다. 그 첫 번째가 '화병'(火病)이라는 말이다. 이 말을 영어로 번역하기가 어려워 'Hwa-Byung'이라고 미국의 정신질환 질병 통계 편람에 기록하였다.
　2015년 대한항공의 '땅콩 회항'으로 불리는 사건을 보도하면서 그 원인을 갑질(甲질)로 소개하면서 'Gab-Jill'로 썼다.
　또 하나 영국 BBC 방송사에서 '꼰대'라는 말을 소개하면서 "'Kkon-Dae'는 한국에서 나이 많은 사람이나 힘 있는 사람이 자기의 구태의연한 사고방식을 타인에게 강요하는 말이다"라고 소개했다.
　갑질이나 꼰대의 현상을 보면 '강자에게는 약하고 약자에게는 강한 모습의 먹이 사슬'을 연상하게 한다. 그런 의미에서 교만과 비겁함은 종이 한 장 차이라고 할 수 있다. 곧 갑질은 일방적이지 않고 쌍방적이다. 자신의 힘으로 약자에게 갑질을 하지만, 자신도 힘이 강한 사람에게 갑질을 당한다.
　세상의 형국은 모두 이런 모습이 아닐까 생각하니 깊은 한숨만

나온다. 세상 모든 사람 가운데 자신에게 주어진 특권을 통한 갑질에서 자유로울 사람은 없다. 혹시 나에게 특권이 주어진다면 나는 그보다 더했을 수도 있다고 생각하니 특권이 주어지지 않음을 감사할 뿐이다.

최근 세상 사람들이 기독교인들의 종교적 행태를 갑질과 꼰대로 비꼬기도 한다. 끈질긴 전도를 받으면서 그들은 이렇게 표현한다. "기독교인들은 종교를 빙자한 스토커들이다."

천국과 지옥의 메시지를 강하게 전하면서 '당신들은 지옥 불의 땔감'이라는 말을 들으면 어떤 생각을 할까? '자신들만 의로운 척하는 꼰대'와 같은 사람들이라고 생각하지 않을지 우려된다.

하나님의 말씀은 포장할 필요도, 감출 필요도 없다. 때로는 직설적으로 적나라하게 표현하고 전하는 것이 옳다. 그러나 그 안에 사랑과 긍휼의 마음을 담지 않은 메시지는 듣는 사람들에게는 갑질과 꼰대의 말로 들릴 수밖에 없다.

코로나로 힘든 상황에서 지금 우리가 가져야 할 마음은 주님의 온유와 겸손의 마음이다.

"나는 마음이 온유하고 겸손하니 나의 멍에를 메고 내게 배우라"(마 11:29).

2021년 7월 11일

자존감과 자존심

이 땅에 위대한 사람들이 많다. 그러나 진정으로 위대한 사람은 모든 일에 정당하고, 자신의 완전한 정보공개를 두려워하지 않는 사람이다. 모든 사람은 하나님 앞에서 모든 정보가 공개된다.

그러므로 하나님이 인정한 사람이 위대한 사람이다. 위대함의 힘이 어디에서 나오는가? 자존감에서 나온다. 자존감이란 자아존중감(自我尊重感)의 준말이다. 자신이 가치 있는 사람이라고 생각하며, 자신을 긍정적으로 받아들이는 감정을 자아존중감이라고 한다. 일상생활에서는 자신을 사랑하는 마음도 여기에 포함된다.

자존감이라는 말은 1890년경부터 심리학에서 쓰기 시작한 말이다. 영어의 자아(self)와 존중(esteem)이 합성되어 '자아존중감'(self-esteem)이 되었다. 그런데 우리는 자존감과 자존심을 분리해서 쓰고 있다. 원래 이 말은 이렇게 분리될 수 있는 말이 아니다.

한국의 문화는 체면문화이며, 비교의식과 경쟁심리가 덧붙여져 그렇게 되지 않았나 하는 생각이 든다. 자존감과 자존심의 차이를 굳이 설명한다면 'self-esteem'과 'pride'의 차이라고 할 수 있다.

자존감과 자존심은 자신을 긍정적으로 보는 것에는 그 뿌리는 같으나, 나타나는 현상은 다르다. 자존감은 자신을 존중하고 스스로 사랑하는 마음이다. 절대적 자기 가치의 마음이다. 자존심은 자신의 존재를 타인과 비교하여 찾는다. 그래서 타인에게 굽히지 않으려는 경향이 강하고 타인과 비교하여 자신의 품위를 지키며 자신의 가치를 찾으려 한다. 상대적 자기 가치의 마음이 자존심이다.

결국 삶의 방법도 다르다. 자존감이 높은 사람은 실패의 원인을 자신에게 찾는다. 과거에 집착하지 않으며 미래지향적이다. 그래서 일의 성패를 떠나 감사하는 마음을 갖는다.

자존감이 높은 사람은 매사에 덤덤하다. 자신이 승리했다고 자만에 빠지지 않으며, 실패했다고 비굴해하지도 않는다. 그리고 내가 소중한 사람이듯이 타인도 소중하게 여긴다.

자존심만 강한 사람은 항상 경쟁에서 승리함으로 자신의 존재감을 찾는다. 그래서 일의 결과에만 집착한다. 과정은 중요하지 않다. 실패를 항상 남의 탓, 주위 환경으로 돌린다. 세상의 모든 사물은 자신의 경쟁자다. 자신만 소중하고 타인은 자기를 위해 존재하는 사람이라고 생각한다. 그래서 교만과 비굴의 온탕과 냉탕을 오가는 사람이다.

하나님은 교만한 자를 멸시하신다.
자존심만 가지고 사는 자를 하늘에서 보시고 비웃으신다.

2021년 8월 1일

레밍(Lemming) 현상

　독일 하멜른(Hameln)에서 전해 내려오는 '피리 부는 사나이'(The Pied Piper)라는 동화가 있다. 어느 마을에 쥐 떼가 출몰하여 큰 피해를 입혔다. 어느 날 피리를 들고 다니던 청년이 나타나서 "내가 쥐 떼를 없애줄 테니 소원을 들어주시오"라고 말하니, 그 마을의 촌장이 "그렇게만 해주면 소원을 들어주겠다"라고 약속했다.

　청년이 피리를 불기 시작하니 쥐가 떼를 지어 그 청년의 뒤를 따라가 강에 몰사했다. 청년이 촌장을 찾아가 쥐 떼를 없앴으니 자신의 소원을 들어달라고 했다. 그러나 마음이 변한 촌장이 언제 그랬냐는 듯이 거부하자 청년은 다시 피리를 불기 시작했다.

　그랬더니 동네의 어린아이들이 그를 뒤따라가서 그 청년과 함께 사라지고 말았다는 이야기다.

　레밍은 짧은 다리와 작은 귀를 가지고 있는 쥐다. 레밍 현상은 이 동화를 빗대어 말하는 '주관 없이 무리 지어 이동하는 것'에 대한 심리학 용어다.

　1980년대 주한미군사령관을 지낸 위컴 장군이 한국인에 대해 '레밍 한국인'이라고 망언을 했다. 2017년 어느 국회의원도 자신의 해

외여행을 비난하는 여론을 향해 '언론의 레밍 현상'이라고 말했는데 도에 지나친 표현이다.

최근 '크로나 사회적 거리두기'로 많은 사람이 TV 앞에 있는 시간이 늘었다. 그런데 종편을 비롯하여 공영방송까지 트로트의 열풍으로 국민을 사로잡아 트로트 공화국을 만들었다. 대단하다는 생각이 들기도 했지만, 트로트 레밍 현상이라고밖에 설명이 안 된다.

성경 역사에서도 불신앙의 레밍 현상으로 인생을 망친 기록들이 많다. 가나안 땅을 탐지하고 보고했던 10지파의 대표들을 통해 '불평의 레밍 현상'이 일어나 광야에서 생을 마감한 장정들이 60만 명이나 되었다.

"예수를 십자가에 못 박으라"라는 바리새인과 지도자들의 외침을 따르며 "예수를 십자가에 못 박으소서"를 외치는 레밍에 지옥불로 떨어졌던 사람들이 부지기수다.

이 '쥐 떼 이야기'는 우리의 현실에 간과할 수 없는 현상으로 나타나고 있다. '포퓰리즘'(populism)은 대중주의라고 하며, 인기영합주의, 대중영합주의와 같은 뜻으로 쓰인다.

진리의 말씀을 전해야 하는 교회까지도 레밍 현상이 나타나고 있다. 하나님의 말씀이 진리인 이유는 유일하고 영원하기 때문이다. 우리는 팬데믹 혼란의 시대에 피리 소리를 구별해야 한다. 사탄의 피리 소리인지, 주님의 피리 소리인지….

2021년 9월 5일

내 곁에 있는 사람이 바로 나다

인류의 가장 큰 업적은 거대한 조직을 만드는 것이다. 바벨탑을 쌓으면서 사람들은 자신들의 힘으로 하나님도 대적할 힘이 있다고 생각했다. 큰 조직을 가질수록 힘이 세지는 것을 부인할 수 없다. 그래서 모두가 큰 힘, 거대한 조직을 추구한다. 그런데 능력에 따라 조직의 크기가 결정된다. 인터넷에서도 팔로워(follower)의 숫자와 검색의 숫자를 통해 힘을 과시한다. 청와대 민원에서도 청원인의 숫자에 따라 영향력이 달라진다. 선거에서는 득표가 능력이 된다. 그런 의미에서 인맥을 넓히는 것은 자신의 자리를 넓히는 것이라고 할 수 있다.

유유상종(類類相從)이라는 말은 비슷한 사람끼리 어울린다는 뜻이다. 부정적인 의미로는 '패거리'라고 할 수 있는데, 이것을 능력이라고 사람들은 인정한다.

옛말에 "맑은 물에는 물고기가 살 수 없다"라는 말이 있다. 독야청청(獨也靑靑)하는 사람에게는 사람들이 모이지 않는다는 뜻이다.

그러나 하나님은 우리에게 독야청청하라고 하신다. 엘리야는 갈멜산에서 불의 기적을 체험하고, 기도 응답을 받고도 실의에 빠졌다. 왕후 이세벨이 더 완악해져서 엘리야를 죽이려 했기 때문이었다. 그가 지친 몸으로 로뎀나무 아래 엎드려 하나님께 죽기를 청했을 때 하나님은 이렇게 말씀하신다.

"그러나 내가 이스라엘 가운데에 칠천 명을 남기리니 다 바알에게 무릎을 꿇지 아니하고 다 바알에게 입 맞추지 아니한 자니라"(왕상 19:18)

내 곁에 있는 사람이 내가 누구인지를 증명해 준다. 서양 속담에 "당신의 친구를 소개해 주시오. 그러면 당신이 어떤 사람이지 말해 주겠소"라는 말이 있다.

요즘 내 곁에서 나와 생각과 비전과 삶을 함께하는 사람이 누구인가? 그 사람들이 곧 나의 정체성을 말하는 한 부분이다.

자조 섞인 말로 이해할 수 있지만, "나는 하나님 한 분만으로 만족해!' 할 수 있을 때 우리는 올바른 삶을 살고 있음을 알아야 한다. 주님은 사람이 어떤 존재인지를 아셨기에 사람을 의탁하지 않으셨다(요 2:24).

사도 요한은 벌거벗은 몸으로 공중목욕탕에서 도망쳐 나왔다. 왜냐면 '이단자가 들어왔기 때문에 하나님이 이단자와 같이 멸망시킬 것이 두려워서였다'고 전해지고 있다.

지금 나는 어떤 사람과 뜻을 같이하며, 비전을 나누고 인생길을 가고 있는지 살펴보자.

2021년 9월 12일

뇌피셜과 지피셜

요즘 신조어들이 난무하고 있다. 어떤 사람은 "있는 말을 잘 사용하면 되는데 구태여 그런 말을 사용하느냐"라고 하지만, 왜 그런 말이 나오게 되었는지를 생각할 필요는 있다.

최근 '뇌피셜'이라는 신조어가 널리 사용되고 있다. 뇌피셜은 '뇌(腦)'와 오피셜(official, 공식 입장)'의 합성어다. 자기 머리에서 나온 생각을 사실이나 검증된 것인 양 말하는 행위, 즉 '자기 뇌에서만의 공식적인 생각'이라고 할 수 있다.

영어에도 'headcanon'이라는 비슷한 의미의 신조어가 있는데, head(머리)와 canon(규범 또는 원칙)의 합성어로 '자기 멋대로 해석하는 것'을 뜻한다.

이와 비슷한 용어로 '지피셜'(지인피셜)이라는 신조어가 있다. 지피셜은 '지인의 말만 듣고 주장하는 것'을 말한다. 또 본인이 직접 주장하거나 인증하는 '본인피셜'도 있다. '뻥피셜'이라는 말도 있는데, 거짓을 퍼뜨려 공식적인 입장인 것처럼 말하는 것을 가리킨다. 이는 자기만의 주장에 빠져서 사실이라고 믿고 맹종하는 경우에 쓴다.

대부분 이렇게 떠돌아다니는 말들은 전문가들이 팩트를 통해 반박하면 대부분 수긍하고 꼬리를 내리게 된다. 이런 터무니없는 주장을 막으려면 출처를 정확하게 밝히도록 하면 된다. 대부분 뇌피셜과 같은 터무니없는 말을 만드는 사람들은 출처를 구할 능력이 없거나 능력이 부족한 사람들이다.

유럽 축구계 용어로 '옷피셜'이라는 용어가 있다. 이적이 완료되어 공식적으르 입단 절차를 끝내고 등번호가 배정된 유니폼을 직접 들고 인증샷을 찍은 것을 말한다. 선수 이적 관련 온갖 뜬소문과 뇌피셜, 지피셜이 난립하는 시장의 특성상 옷피셜이 뜨면 영입완료로 선수의 팬이나 구단의 팬이 안심한다.

언제부터인가 '안 봐도 비디오'라는 말을 쓰는데 이것도 뇌피셜, 또는 지피셜의 일종이다. 최근에는 법적 용어로 자주 쓰고 있는 '합리적 의심'이라는 말이 있다. 이 말은 형사소송법에는 "범죄 사실의 인정은 합리적인 의심이 없는 정도의 증명에 이르러야 한다"라고 되어 있고, 경찰의 규칙에는 "범죄 관련성에 대한 합리적 의심이 배제될 때까지 사인 및 사망 경위를 수사하여야 한다"고 적시되어 있다. 이 모두 무죄추정원칙에 입각한 형사소송절차의 핵심적인 원리다. 그러나 하나님 앞에서 판결을 받을 때는 '직고'(直告)하게 된다(롬 14:12).

이것을 믿는 성도라면 최고의 판결은 자신의 양심에 있다는 것을 안다. 이런 유언비어가 난무하는 세상에서 양심대로 사는 것이 최선의 삶이다

다만 이런 세상에서 항상 중심을 잡고 거짓에 속아 넘어가지 않도록 사는 지혜가 필요하다.

2021년 9월 19일

유구무언과 유구불언

　말은 인격이다. 말을 통해 사람의 내면을 들여다볼 수 있다. 말하는 것보다 침묵이 더 나을 때가 있다. '침묵이 금'이라고 하지 않은가? 우리말에 '말하지 않는다'라는 뜻의 두 가지가 있다.
　먼저는 유구무언(有口無言)이다. '입은 있으되 말을 못한다'라는 뜻이다. 자신의 잘못을 알고 있기에 말을 하지 못할 때를 가리켜 쓰는 말이다.
　또 하나는 유구불언(有口不言)이다. '할 말은 있으나 말을 하지 않는 것'을 가리킨다. 말하기가 거북하거나 파장을 우려해 함구할 때 쓰는 말이다.

　하나님은 우리의 언행심사(言行心思)를 살피시는 분이다. 하나님은 유구무언이든 유구불언이든 우리의 내면을 살피시고 중심을 보시기에 하나님 앞에서 유구무언과 유구불언은 의미가 없다. 하나님은 내 마음에 있는 것을 말하든지, 말하지 않든지, 꾸며서 말하든지 상관없이 중심을 들여다보시는 분이시다.
　하나님 앞에서 유구무언이나 유구불언은 모두 바람직하지 않다.

숨겨야 할 상황에 처해 있기에 사람에게는 말할 수 없는 상황이더라도 하나님 앞에서는 말해야 한다. 다윗은 자신의 중대한 범죄를 하나님 앞에 입을 열지 않았을 때를 회상하며 이렇게 고백한다.

> "내가 입을 열지 아니할 때에 종일 신음하므로 내 뼈가 쇠하였도다 주의 손이 주야로 나를 누르시오니 내 진액이 빠져서 여름 가뭄에 마름같이 되었나이다"(시 32:3~4).

성경은 말에 실수가 없는 자는 온전한 사람이라고 말씀한다.

> "우리가 다 실수가 많으니 만일 말에 실수가 없는 자라면 곧 온전한 사람이라 능히 온몸도 굴레 씌우리라"(약 3:2).

말수가 적은 사람이 온전한 사람이 아니다. 말하지 않는 사람이 온전한 사람이 아니다.
듣기 좋은 말로 꾸며대는 사람도 온전한 사람이 아니다.
말을 많이 하든지, 적게 하든지 말에 실수하지 않는 사람이 온전한 사람이다.

하나님은 식언(食言)하지 않는 분이시다. 말에 온전한 사람은 자기의 말에 책임을 지는 사람이다. 사람들은 말을 바꾸는 사람을 신뢰하지 않는다. 말로만 인심을 쓰는 사람도 신뢰받지 못한다.
사탄은 거짓의 아비다. 거짓말을 하는 자는 사탄의 도구로 쓰임 받는 자다. 거짓말을 하는 사람은 비인격자다.

　하나님 앞에서는 유구무언이나 유구불언은 통하지 않는다. 내면을 정직하게 가꾸자.

　진실한 마음을 갖자.

　그러면 할 말을 할 수 있고, 말에 실수하지 않을 것이다.

2021년 11월 28일

공백과 여백

3년째 맞이하는 코로나는 우리의 삶을 멈추게 했다. 역사의 공백 상태를 만들어 버렸다.

공백(空白)을 영어로 blank(구멍), vacancies(공석), vacuum(진공), void(무효) 등으로 번역할 수 있다. 모두가 텅 빈 의미 없는 공간을 의미한다.

반면에 여백(餘白)은 White space(공간), margin(여유) 등으로 쓰이고 있다. 여백은 의미 있는 공간을 말한다. 공백이나 여백은 빈 공간을 가리키지만, 그 의미는 천지 차이다.

공백은 의미 없는 빈 공간이지만 여백은 아름다움을 위해 비워둔 공간이다. 분명 코로나는 빈 공간을 만들었다. 그러나 그것이 공백이 될 수도 있고 여백이 될 수도 있다.

여백은 의미를 지닌 빈 공간이다. '의도적으로 남겨둔 공간'이다. 무엇인가 담아야 할 것이 있기에 의도적으로 남겨둔 공간이다. 코로나가 아니더라도 휴식을 취하며, 안식을 누리기 위해 있었어야 할 공간을 코로나가 여백을 만들어주었다.

공백은 아무 의미를 담지 않은 '버려진 공간'일 뿐이다. 공백은 어둡고 암울하지만, 여백은 환한 빛이 있다.

이스라엘의 애굽에서의 430년은 공백이 아닌, 여백의 시간이었다. 애굽이라는 인큐베이터에서 60만 대군으로 양육시키는 기간이었다. 그래서 430년의 종살이가 아닌 보호의 기간이었다. 그래서 그들이 드디어 홍해를 건널 때는 찬란한 소망을 가지고 축복의 땅을 향해 진군할 수 있었다.

삶 속에 여백을 지니고 사는 사람들은 학벌이 없어도 졸업장의 공백을 부끄러워하지 않는다. 공백만 가지고 사는 사람들은 박사학위를 가지고도 만족할 줄 모른다. 하나님 나라의 여백을 사랑하는 사람은 단칸방에서 살아도 그곳을 사랑의 보금자리로 여긴다.

공백에 사로잡힌 사람은 초호화 저택에 살아도 불안과 불행의 소굴일 뿐이다. 여백으로 살아가면 세상이 자신을 인정하지 않아도 밝은 인생을 살아가지만, 공백으로 살아가면 세상의 온갖 스포트라이트를 받고도 어둡게 살아간다.

여백의 삶은 하나님의 의를 따라 사는 성도들의 삶이다. 공백은 죄악과 육신을 따라 사는 삶이다.

여백의 삶은 하나님의 영광을 체험한 삶이다. 아브라함은 100살까지 여백의 기간이 길었을 뿐이다.

요셉의 종살이와 감옥살이는 공백이 아닌 여백이었다.

지금 나에게 코로나가 공백의 기간인가, 아니면 여백의 기간인가?

2022년 1월 9일

유품 정리

"호랑이는 죽으면 가죽을 남기고 사람은 죽으면 이름을 남긴다"라는 속담처럼 우리가 살고 지나간 자리는 흔적을 남긴다. 그 삶의 흔적을 따라서 하나님 앞에서 심판을 받는다.

> "이는 우리가 다 반드시 그리스도의 심판대 앞에 나타나게 되어 각각 선악 간에 그 몸으로 행한 것을 따라 받으려 함이라"(고후 5:10).

대체로 위대한 삶을 살았다고 하는 사람들은 그들의 업적을 기리기 위해 후대 사람들이 그들의 삶을 정리해준다. 후에 그것들을 모아 기념관을 만들기도 한다.

그러나 평범한 사람들이 살고 지나간 자리는 가족들이 정리한다. 그것도 유품으로 후대에 남길 만한 것이 없을 때는 분리수거하여 내다버린다. 쓰다 남은 물건을 정리하는 정도다. 조금이라도 재산이 남았다면, 먼저 발견했거나 욕심 많은 유족이 차지하는 것으로 끝난다.

그래서 나는 '내 인생의 흔적을 스스로 정리하고 세상을 떠나자'라고 생각했다. 아직 쓸모 있는 것들은 나누어주고, 쓸모없는 것은 폐품으로 팔아서 엿이라도 사먹는 것이 좋지 않겠는가 하는 생각이다.

　나는 내 인생의 추억이 담겨 있는 물건이라 애지중지하지만, 내가 죽으면 사람들은 그것을 흉물스럽게 여길 뿐이다.

　최근 일본에서 시작된 유품 정리 사업이 국내에 들어와 '유품정리 업체'들이 생겨나서 우리나라도 유품 정리 사업이 본격적으로 시작되었다. 유족들이 고인의 유품을 어떻게 정리할 줄 모르고 모두 쓰레기장으로 가야 하는 현실에서 전문업체가 정리해서 가족들의 부담을 줄여주게 되었다. 가족까지도 고인의 유품을 폐기물이라는 생각을 가지고 있는 것 같아 씁쓸하다.

　우리가 살다 간 삶의 자리는 반드시 정리되어야 한다. 내가 살았던 자리를 타인의 손에 맡기기보다 자신이 정리하는 것이 가장 좋다고 생각한다.

　고인이 남기고 가는 묘지는 어떤가? 2006년 국토부의 자료에 의하면 국토의 1%를 묘지가 차지하고 있다. 이는 서울시 면적의 1.6배에 달한다. 여기에 무신고 묘지를 더하면 이보다 훨씬 많다. 돌보지 않는 묘지, 후손의 가슴에 없는 선조의 묘지는 모두 폐기물이다.

　하나님은 인간이 묘지를 남기는 것을 탐탁지 않게 여기신다. 그래서 모세의 시체도 감추셨다. 유품은 자신이 정리해야 좋다. 결자해지의 자세로 자신이 살아 온 흔적을 깨끗이 정리하고 세상을 떠나자.

　지은 죄는 하나님 앞에서 회개하고 떠나자.

피해를 입힌 자에게는 사죄하고 배상하고 가자.

아직도 쓸모 있다고 생각하는 것은 미리 선심을 쓰고 가자.

그리고 쓰레기라고 생각하는 것들은 자신의 손으로 모두 내다버리자.

다만 신앙의 유산만은 후손에게 굳게 물려주자!

2022년 3월 27일

음표와 쉼표

음악이란 무엇인가? '음악이란 소리를 재료로 하여 인간의 사상과 감정을 나타내는 시간 예술'이라고 정의한다. 음악의 3요소는 '리듬(rhythm), 선율(melody), 화성(harmony)'이다.

음악은 무언가 공백 없이 소리로 채워져야 하는 것을 전제하고 있는 것처럼 보인다. 그러나 음표 못지않게 중요한 것이 쉼표다. 엄밀하게 말해서 쉼표는 쉬는 것이 아닌, 휴지(休止, rest)를 의미한다. 무의미한 공백이 아닌 의미를 지닌 공백이다.

누구도, 어느 것도 침범할 수 없는 의미를 지닌 휴지가 쉼표다. 그래서 소리를 내는 음표보다 소리를 내지 않는 쉼표가 더 중요할 때가 있다. 프로와 아마추어의 차이는 음표의 연주보다 쉼표의 연주에서 차이가 난다.

인생도 마찬가지다. 무언가 부지런히 움직이는 동작보다는 아무것도 하지 않는 멈춤의 시간이 절대 소중하다. 밤에 숙면을 취하는 시간은 낭비하는 것이 아닌, 새롭게 정리되고 재편되는(reset) 시간이다.

대부분의 사람들은 항상 뭔가를 해야 한다는 강박 관념 속에 살아간다. 그래서 아무것도 하지 않는 시간에 대해 죄책감을 갖고 과

소평가한다. 쉼을 확실하게 가져야 하는 이유는 쉼을 통해 특정 방향으로 달릴 힘을 얻기 때문이다.

미국의 철학자요 심리학자인 윌리엄 제임스(William James, 1842~1910)는 "열정과 쉴 새 없이 바쁜 생활과 근심은 강함의 징표가 아니다. 이는 나약함과 열악한 환경의 징표다"라고 말했다.

'움직이고 있으니 살아 있다'라고 생각하지만, '숨 쉬고 있으니 살아 있다'라고 해야 옳다.

지난 주간은 고난주간이었다. 니케아 회의(325년)에서 시작한 사순절은 인간이 만든 40일에 의미를 두는 절기다. 현대인들에게 사순절 기간(7~8주)을 지키라고 하는 것은 무거운 짐이요, 날짜에만 얽매이게 하는 형식적인 시간일 뿐이다.

그러나 평소에 쉼에 의미를 두고 산다던 사순절 기간이 아니더라도 쉼표의 가치가 있는 삶을 사는 것이다.

일 잘하는 것보다 잘 쉬는 것이 더 어렵다. 물러날 시기에 물러나는 것은 인생 쉼표의 명연주의 삶을 사는 것이다. 그래서 은퇴도 쉼표의 명연주의 삶이라고 생각한다.

하나님은 음표뿐 아니라 쉼표에 관심을 더 두신다.

주일은 음표가 아닌 쉼표다.

안식은 음표가 아니라 쉼표다.

부활은 음표가 아닌 쉼표다.

천국도 음표가 아닌 쉼표다.

쉼표 연주를 잘하는 인생의 명연주자로 살아가자!

2022년 4월 17일

명성과 명예

탈무드에 이런 말이 있다.

"사람은 세 개의 이름을 갖는다. 출생 후 부모가 지어 준 본명, 성장하면서 친구들이 지어준 별명, 그리고 세상을 떠난 후에 후대에서 붙여주는 명성이 있다."

모두가 타인이 붙여준 이름이다. 그러나 내 스스로에게 붙여주는 이름이 있다. 그것을 명예라고 한다.

사람들은 명성과 명예를 같은 것으로 생각한다. 그러나 명성이 타인을 통한 평가라고 한다면, 명예는 스스로 자신의 인격 수양을 통한 자존감의 한 부분이라고 해야 옳다. 대부분의 사람은 내적 가치를 둔 명예는 도외시하고 겉으로 평가되는 명성을 얻으려고 버둥대고 있지는 않은지….

쇼펜하우어(Schopenhauer, 1788~1860)는 이렇게 말한다.

"명성은 획득해야 하지만, 명예는 잃지 않으면 되는 것이다. 명성을 잃는 것은 작은 것을 잃는 것이지만, 명예를 잃는 것은 치욕이며 모든 것을 잃은 것이다. 명예를 잃음은 곧 생명을 잃는 것이나 다름

없다. 명예를 잃었을 때 그 사람은 이미 죽은 것이나 다름없기 때문이다."

에밀리 디킨슨(E. E. Dickinson, 1830~1886)은 "명성은 꿀벌과 같다"라고 하면서 이렇게 말한다.

"꿀벌은 노래하지만 또한 독을 가지고 있다. 그리고 무엇보다도 꿀벌은 쉽게 날아가 버린다."

명성(fame)은 자신에 대한 타인의 평가로 요란하게 색칠되다가도 공연스레 먹칠되기도 한다. 명예(honor)는 마음속에 새겨지는 자아의식 같은 것이어서 일부러 꾸미거나 덧칠할 수 없고 그럴 필요도 없다.

명예를 간직한 사람은 자신을 지킬 수 있어 이 세상 파도에 초연할 수 있지만, 명성을 탐닉하다 보면 궤변을 일삼으며 남의 시각으로 세상을 바라보다가 부화뇌동하기 쉽다.

명성이라는 '거짓 신념'에 차 있는 인사들일수록 '편 가르기'에 쉽게 물들고, 상황에 따라 논리를 바꾸다가 결국 변절하곤 한다.

명성을 얻은 자들이 부정적인 구설수에 오르게 되면 스스로 목숨을 끊는 것은 자신의 명예에 대한 확신이 없기 때문이다. 유명 인사들이 세간의 관심에서 벗어나면 쉽게 공황 상태에 빠지는 이유는 내면을 지탱해 주는 명예가 뒷받침되지 못하기 때문이다. 타인의 시선에 의해 자신을 평가하는 명성에만 의존하며 살던 사람들은 인생을 허무하다고 하면서 세상을 떠나게 된다.

내면의 명예를 간직하며 살자.
명예를 지니고 사는 사람들은 행복 만땅으로 사는 사람들이다.
마지막 이 말만은 남기자.
"주님, 이 땅에서 잘 살다가 주님께 갑니다."
우리 모두 이 고백만은 남기자.

2022년 7월 10일

지나친 배려

배려(配慮)의 한자어를 풀이하면 '짝 배(配), 생각할 여(慮)'자로, '자신의 짝처럼 생각한다'라는 뜻이다. 풀이하면 자신의 반려자처럼 도와주거나 보살펴 주려고 마음을 쓰는 것이 배려라는 뜻이다.

주님이 "네 이웃을 네 몸과 같이 사랑하라"고 하셨던 말씀처럼 상대를 내 몸처럼 사랑하는 것이 배려다.

고대 그리스의 희극 작가인 메난드로스(Menander, BC 160~135)는 이렇게 말한다. "마음을 자극하는 단 하나의 사랑의 명약, 그것은 진심에서 나오는 배려다."

배려는 '겸손한 태도요, 이타적인 삶'을 가리키는 것으로 핵심은 진심에 있다. 진심이 담기지 않은 배려는 위선이다. 진심 없는 배려는 어쩔 수 없는 상황에서 선심을 가장한 빼앗김이다.

우리에게 감동을 주는 배려가 있는가? 요즘 애경사의 통지 문자에 의례적으로 '마음 전달하는 곳'이라는 은행 계좌번호를 보낸다. 편리함이요, 배려라고 생각한다. 그러나 받은 사람의 입장에서 송금만 하고 메시지를 보내지 않는다면 진심이 아닐 수 있다. 진심 없는 얼마의 축의금이나 조의금은 빼앗김일 뿐이다.

혹자가 '최고의 축의나 조의는 얼굴을 보여주는 것'이라고 했다. 품앗이하듯이 현장에 참여하여 몸으로 함께해 주는 것이 최고의 사랑이요, 배려다.

모든 것이 돈의 가치로 평가되는 때에 이런 말이 공허하게 들리겠지만, 이것은 가장 인간적인 가치다.

아인슈타인(Albert Einstein, 1879~1955)은 "모든 인간은 개인으로서 존중받아야 하며, 그 누구도 우상으로 숭배해서는 안 된다"라고 했다.

이 말은 '도에 지나친 배려는 우상숭배와 같은 것'이라는 뜻으로 해석된다. 그러나 우리는 모두 다른 사람보다 더 많은 배려를 받고 싶어 한다. 그리고 그것을 자신의 존재감으로 여긴다.

"낙타가 코를 텐트 안에 집어넣으면, 곧 그의 몸통도 뒤따라 들어가기 마련이다"라는 아라비아 속담이 있다. 배려를 받으면 감사하는 마음이 있지만, 그것이 반복되면 당연한 것으로 여긴다. 그리고 반복되는 지나친 배려는 상대에게 특권으로 인식하게 만든다.

드라마 '동백꽃 필 무렵' 중에 나오는 대사다. "하찮이가 되느니 불편한 사람이 되기로 했다."

대접받지 못하는 사람으로 사는 것보다 자신 몫의 대접을 받겠다는 말이다.

자기 몫을 양보만 하여 하찮이로 사는 것은 상대에게 특권의식을 갖게 만드는 것이다. 지나친 배려를 베푸는 것도 상대에게 특권의식을 갖게 한다. 세상에서 누구도 특권을 가질 사람은 없다. 내가 마땅히 받아야 할 대접은 내 몫임을 기억하자.

2022년 7월 24일

후견지명과 선견지명

　피조물인 인간은 시간과 공간을 초월하여 살아갈 수 없다. 시간 안에서 사는 인간은 과거의 일을 회상하며, 현재에 충실하고 미래에 대한 계획을 세우며 살아간다. 지나간 역사를 통해서 배우는 것을 후견지명(後見之明)이라고 한다.
　그러나 아이러니하게도 '지난 역사를 통해 배우지 못하는 것이 인류의 역사'다. 세상의 모든 사건과 만물은 자신을 일깨우기 위해 있음에도 배우지 못하고 일깨우지 못하는 것이 인간의 한계다. 그러나 배우고 깨닫고 자신을 성찰하여 담금질하는 사람은 미래에 대한 소망을 갖고 살아갈 수 있다.
　과거를 통찰한 능력으로 미래를 올바르게 살아가는 지혜를 얻는 것을 선견지명(先見之明)이라고 한다. 선견지명은 점쟁이가 굿하듯이 척척 알아맞히는 것이 아니다. 요즘 명리학에 대해 사람들의 관심이 집중되어 있다. 그들의 주장은 '명리학은 미신이 아니라 통계학'이라고 한다. 명리학은 '후견지명을 통해 현재의 모습과 미래에 대한 운명을 가릴 수 있다'는 이론이라고 주장한다.
　일리가 있어 보이지만 틀린 말이다. 인간의 완전한 내적 변화는 복음, 즉 "이전 것은 지나갔으니 보라 새것이 되었도다"라는 말씀을 통해 이룰 수 있고 올바른 삶을 살아갈 수 있기 때문이다.

사람은 모두 지난날을 후회하며 산다. 그래서 지옥에서는 껄껄거린다고 하지 않는가? '예수님 믿을 껄, 죄짓지 말껄, 선한 일 할 껄······.'

세익스피어는 이렇게 말한다. "결혼은 해도 후회, 안 해도 후회다."

그렇다면 후회하더라도 하고 후회하는 편이 낫다. 이유는 하지 않은 일에 대해서는 다음에 기회가 주어지지 않기 때문이다.

우리는 한 시간 후의 일도 알지 못한다. 그러나 후견지명을 가진 사람은 선견지명의 지혜를 가질 수 있다. 미래를 통찰하는 능력은 과거에 대한 올바른 시각과 해석에서만 가능하다.

하나님은 지난 모든 과거를 그리스도의 십자가의 은혜로 깨끗하게 하셨다. 그래서 사울을 대사도(大使徒) 바울로 쓰셨다.

지금이라도 늦지 않았다. 하나님께 엎드려 하나님의 뜻을 묻자.

> "하나님의 뜻대로 하는 근심은 후회할 것이 없는 구원에 이르게 하는 회개를 이루는 것이요 세상 근심은 사망을 이루는 것이니라"(고후 7:10).

2022년 10월 16일

인생의 최단 거리

사람들은 최단 거리를 좋아한다. 그래서 터널을 뚫고 교량을 설치하여 직선도로를 건설한다. 최단 거리는 빠르고 편리하지만 여유와 낭만과 운치는 없다. 산 정상에 쉽게 올라가기 위해 케이블카를 설치한다. 그러나 건강을 위해 등산을 하는 사람들에게는 유익함이 없다.

세상살이에도 최단 거리가 있다면 그 길을 택하려고 하는 마음은 인지상정이다. 그래서 부정행위를 저질러서라도 쉽게 성적을 올리려고 한다. 백그라운드를 사용해서라도 빨리 출세하려고 한다. 뇌물을 바쳐서라도 자신이 가고자 하는 길을 최단 거리로 가려고 한다.

인생의 최단 거리는 직선거리가 아니다. 때로는 멀리 돌아가는 길이 더 빠르게 갈 수 있는 길인 경우가 많다. 직선이 두 점을 연결하는 최단 거리인 것은 맞지만, 인생에 직선거리란 없다.

어떨 때는 꼬불꼬불한 역경의 길을 가는 것이 탄탄대로가 되기도 한다. 험한 길이지만 돌아갈 때 자신이 한 단계 도약하기 위한 최단 코스일 수도 있다. 이렇게 최단 거리가 아닌, 돌아가는 길이 빠른 길일 경우가 많다.

나에게 닥친 역경의 길이 때로는 나를 연마하기 위한 최단 코스일 경우가 있다. 사람은 고통과 슬픔을 맛볼수록 더 많이 성장하기도 한다. 인생의 길을 잃고 방황할 정도로 좌절이 깊은 사람이 그 터널을 통과한 후에는 더 단단해지기도 한다. 아무리 힘들어도 죽지만 않고 견딜 수만 있다면 고통을 받는 것이 인생에 큰 유익이 된다.

주님은 말씀하신다.

"좁은 문으로 들어가라 멸망으로 인도하는 문은 크고 그 길이 넓어 그리로 들어가는 자가 많고 생명으로 인도하는 문은 좁고 길이 협착하여 찾는 자가 적음이라"(마 7:13~14).

사람들이 생각하는 인생의 직선 코스를 선택하지 말라는 말씀이다. 좁은 문, 좁은 길일지라도 생명으로 인도하는 길로 가는 것이 최단 거리의 길임을 말씀한다.

스펙 쌓기를 좋아하는 요즘 '속성 과정'을 마련하고 자격증을 빨리 취득하도록 하는 곳이 인기가 높다. 그런데 그렇게 자격증을 취득한 후에 얼마나 전문적인 일을 세련되게 할 수 있을 것인가가 의심이 든다.

인생의 직선 코스는 없다. 정도로 가는 길이 최단 거리다. 하나님의 말씀대로 피조물로서 겸손하게 납작 엎드려 사는 것이 직선 코스의 인생길이다. 주님은 말씀하신다.

"내가 곧 길이요 진리요 생명이니…"(요 14:6).

2022년 11월 27일

돈 냄새

　인간은 외부로부터 오는 시각, 청각, 미각, 후각, 촉각의 오감을 느낀다. 오감 중에서 스스로 조절이 불가능한 것은 후각이다. 눈을 감으면 보이지 않는다. 듣기 싫으면 귀를 막고, 먹기 싫으면 맛을 보지 말고, 만지지 않으면 된다. 그러나 숨을 쉬어야 하기에 코를 막고 살 수는 없다.
　후각은 감정을 좌우한다. 그래서 마케팅 전략으로 후각을 소중하게 생각한다. 음식도 막상 입에 들어가기 전에는 후각을 통해 식욕을 돋운다. 모든 음식은 눈과 코로 먼저 맛을 본다고 하지 않은가? 삭힌 홍어나 청국장의 독특한 맛은 후각 때문이다.
　동물의 후각은 사람보다 훨씬 예민하다. 개는 자기 몸에서 떨어진 물질의 냄새로 왔던 길을 찾아간다. 곤충은 후각기관인 더듬이로 먹이를 찾는다. 연어는 바다에 살다가 알을 낳을 때가 되면 자신이 태어난 계곡의 물 냄새를 기억해서 찾아간다. 존스홉킨스대 이비인후과 니콜라스 로완 교수는 고령층의 인지 장애와 후각은 상관관계가 있다고 보고했다. 후각의 기능이 떨어진 환자는 영양 상태를 개선하거나 보다 정밀한 신경 의학적 검사를 받아야 할 필요가 있다는 것이다. 후각 검사만으로 노화의 징후를 평가하는 도구로 활용할 수 있다고 한다.

후각은 물체의 냄새만을 의미하지 않는다. 욕구를 알아내는 심리적 냄새도 있다. 그중 돈의 냄새는 인간의 심리적 후각을 가장 강렬하게 자극한다.

양승득은 그의 책《돈 냄새 천재, 일본인들의 성공 장사법》에서 "경제적 동물이라고 불리는 일본인들은 돈 냄새를 잘 맡는다"라고 한다. 그들의 비즈니스 감각과 아이디어로 성공한 사업 아이템을 통해 소비자들의 잠재 욕구와 기호를 읽는 키워드를 제공해 주고 있다.

라틴어의 '페쿠니아 논 오렛'(Pecunia non olet)이라는 말이 있는데, '돈에서는 냄새가 나지 않는다'는 뜻이다. 그러나 돈 냄새를 잘 맡는 사람들이 있다. 그들은 돈을 버는 방법을 잘 알고 돈이 모이는 곳을 잘 안다. 그들은 지도를 펼치고 돈 냄새를 맡는다.

돈은 '버는 재미, 모으는 재미, 쓰는 재미, 돈 없는 허무함' 등의 냄새가 난다. 아리스토텔레스의 "사물의 진가는 그것을 지닐 때보다 사용할 때 발휘된다"라고 말한 것처럼 돈의 가치는 많을 때 나타나는 것이 아니라 잘 쓸 때 나타난다.

돈 냄새에 취하지 말자.
돈 냄새를 따라가지 말자.
돈 냄새 때문에 인생 망치지 말자.

2023년 1월 29일

시간 갑질

갑질이 무엇인가? 갑질이란 힘의 우위에 있는 갑(甲)이 권리관계에서 약자인 을(乙)에게 하는 부당 행위를 말한다. 몇 년 전에 있었던 대한항공의 땅콩 회항 사건이 대표적인 사례다. 어느 교수가 교수 직위를 이용해 제자와 인턴 여학생에게 성추행한 사건 등도 이에 해당한다.

그런데 시간으로 갑질하는 사람들이 있다. 시간의 갑질은 자신의 시간과 타인의 시간의 가치가 다르다고 생각하며, 을에 해당하는 사람의 시간보다 자신의 시간이 더 귀하다고 생각한다. 약속 시간보다 한참 늦게 와서도 죄송하다는 말 한마디 없다. 혹시 '미안하다'고 말하지만 진심으로 미안해하지 않는다. 영혼 없는 사과에서 '나는 늦어도 괜찮다'는 표정이다.

관계의 시작은 타인을 배려하는 마음을 전제로 맺어져야 한다. 갑은 을의 부담을 최소화하려는 마음이 있어야 하고, 을의 입장에서는 자기의 입장을 존중받기를 원하는 것은 당연하다. 지금까지 관행으로 여겼던 상명하복의 관행이 갑질을 조장하는 원인이라고 생각한다.

상영관에서 영화 상영시간을 정해 놓고 제시간에 영화를 시작하지 않는 것은 갑질이다. 관객의 의사와 관계없이 예고편, 광고 등을 10여 분 방영하는 것에 대해 소비자들이 시간 갑질에 대해 집단 고소한 일이 있다. 지금은 시정되어 '본영화 상영시간'을 명시하고 있다.

  그런데 성도 중에 '하나님께 시간 갑질'을 하는 사람이 부쩍 늘었다. 자신의 시간표대로 하나님이 시행해야 한다는 것이다. 하나님은 약속하지 않으셨는데, 일방적으로 자신의 시간표대로 자기의 기도는 그때까지 꼭 들어주셔야 한다는 식이다. 그렇지 않으면 "하나님이 살아 계시는지 못 믿겠다"라고 갑질을 한다.

  예배 시간에 늦게 참석하는 것도 하나님께 갑질하는 것이다. '내가 도착도 하지 않았는데 예배를 시작했냐'라는 식으로 죄송한 마음이 없이 버젓이 어깨를 펴고 예배당에 들어온다. 늦게라도 와준 것을 고맙다고 생각하라는 식이다.

  시간은 생명이다. 지위와 돈으로 갑질하는 것보다 시간으로 갑질하는 것은 더 악한 일일 수 있다. 타인의 시간을 얕잡아 보지 말자. 과거 이건희 회장은 병실에 식물인간으로 누워있으면서도 하루 배당금을 수억 원씩 챙겼다. 그렇다고 그의 생명, 그의 시간이 더 값진 것인가?

  하나님은 우리에게 시간을 공평하게 주셨다. 시간 갑질은 생명의 갑질이다.

2023년 2월 5일

인가귀도(引家歸道)

100년 전 조선에 기독교가 전래된 후 최권능 목사(본명 최봉석)가 평양 네거리와 팔도를 순회하며 전도했던 말이다.

"예수천당, 불신지옥!"

구원에 관하여 성경은 분명하게 말씀한다.

> "영접하는 자 곧 그 이름을 믿는 자들에게는 하나님의 자녀가 되는 권세를 주셨으니"(요 1:12).

구원은 개인적이다. 자신이 믿어야 구원을 받는다. 구원은 혈통에서 비롯되지 않는다. 그런데 바울 사도는 "주 예수를 믿으라 그리하면 너와 네 집이 구원을 받으리라"(행 16:31)라고 하며 가정 구원을 선포하고 있다.

이 말씀은 한 사람의 믿음으로 가족 모두가 구원받는다는 말이 아니다. 참 생명을 가진 한 사람을 통해 가족에게 복음의 영향력을 끼친다는 뜻이다.

불신 가정에서 믿음을 시작한 성도들이 가장 가슴 아프게 생각하는 것은 가족 구원이다. 구원받은 성도가 가정 구원을 소원하는 것은 당연하다. 사도행전에 부러운 몇 가정이 있다. 고넬료의 가정과 루디아의 가정, 그리고 빌립보 감옥의 간수 가정이다. 이들의 가정이 부러운 이유는 부유하거나 높은 지위를 가져서가 아니다. 모든 가족이 구원받고 복음 사역에 함께 쓰임 받았기 때문이다.

백부장 고넬료는 로마의 군인 장교였지만 온 가족이 하나님을 경외하여 복음을 듣고 성령 충만함으로 거듭났다.

인가귀도는 '가족을 이끌어(引家), 도(진리)에 돌아간다(歸道)'라는 뜻이다. 왜 가족 모두가 하나님께로 돌아와야 하는가?

먼저는 영적으로 화목한 가정이 되기 위해서다.

그리고 왕 같은 제사장의 영적 기품이 있는 가정이 되기 위해서다.

마지막으로 성령의 사람으로 청결한 양심을 가진 가족 구성원들이 되기 위해서다.

세상 사람들은 더러운 양심, 화인 맞은 양심을 가지고 뻔뻔하게 사는 사람이 많다. 그것을 가정에까지 끌고 와서 가족 간에 이권에 얽혀 갈등을 겪으면서 '가정지옥'으로 살고 있다.

인가귀도된 가정은 깨끗한 양심으로 서로 사랑하며 산다. 디모데의 가정은 그런 가정이었다(딤후 1:3). 깨끗하고 청결한 양심은 태어날 때부터 가지는 것이 아니다. 하나님을 믿을 때 주시는 양심이다. 하나님을 경외하고 그리스도의 제자로 그의 말씀을 따르며 성령의 인도하심을 따라 살 때 주시는 고귀한 마음이다.

가정의 달에 가족 모두가 깨끗한 양심으로 서로 사랑하며 살고 있는지 살펴보자!

2023년 5월 14일

고독과 외로움

　미국의 사회학자 데이비드 리스먼(David Riesman, 1909~2002)은 '군중 속의 고독'이라는 말을 처음 사용했다. 이 말은 '대중 속에서 타인들에 둘러싸여 살아가면서도 내면의 고립감으로 번민하는 사람들의 사회적 성격'을 이르는 말이다. 예를 들면 배우가 무대 위에서 연기할 때, 관중 속에 있지만 홀로 있다는 느낌을 받는 것을 말한다.
　사람들은 "인생은 어차피 혼자"라는 말을 한다. 사람은 사회적 존재이지만, 마지막에는 혼자 남는다. 누구도 내 인생을 타인이 대신 살아주거나 죽음의 길을 함께 가지 못한다.
　그래서 인생은 고독하다. 외롭다. 그런데 '고독과 외로움'은 다르다. 고독은 홀로 떨어져 있어 외롭고 쓸쓸함을 말한다. 그러나 그것을 자신을 돌아보는 기회로 여기고 자신에게 집중하는 과정이다. 자기반성의 시간으로 긍정적인 감정을 가진다.
　외로움은 버려져 홀로되어 쓸쓸한 마음이다. 타인과 관계가 끊겨 감정을 공유하지 못하고 단절된 채, 부정적인 몰입의 상태다.
　고독은 자기와 마주하여 현재의 시간⋅공간에 만족하는 것이라면, 외로움은 사랑을 구하고 관심을 바라는 관계의 갈구함이다.

문제는 혼자 있는 상태를 외로움으로 버려두느냐, 그것을 고독으로 허용하느냐의 문제다. 혼자 있음은 고통이다. 버림받음은 불행이다. 그러나 그것을 고독으로 수용하는 것은 자신의 몫이다.

고독은 평정심을 찾는 기회다. 자기의 내면을 깊이 통찰하는 평화로움의 시작점이다. 그래서 스스로 고독할 필요가 있다.

주님은 군중의 에워쌈을 피해 혼자 계시는 시간이 많았다. 고독과 침묵 속에서 자기의 내면을 가득 채우면 새로운 힘이 넘쳐난다. 세상을 호령하고도 남는 힘과 자신감이 생긴다.

그러므로 고독을 즐길 줄 알아야 한다. 고독은 자신을 내면으로 향하게 하고, 외로움은 바깥으로 향하게 한다. 고독은 스스로 혼자 있는 것이고, 외로움은 홀로 남겨져 쓸쓸한 상태다. 고독은 타인과 관계없이 자신에게 집중하는 과정이요, 외로움은 타인에게 버려진 고립의 감정이다.

최근 고독사가 늘고 있다. 누구도 돌보지 않아 백골이 되어 있는 경우가 있다. 징글벨의 캐럴이 울려도 스스로 목숨을 끊는다. 벚꽃이 화려하게 핀 화사한 봄날에 인생의 추움을 견디지 못해 세상을 등진다.

지금 내 곁에 누가 함께 있는가?

나는 누구를 찾아 발걸음을 옮기는가?

2023년 6월 11일

잘 지는 신세

타인의 도움을 받고 사는 것을 '신세 진다'고 한다. 사람은 평생 타인의 도움을 받고 산다. 세상에서 신세 지지 않고 사는 사람은 없다. 과거 동양에서는 삼종지도(三從之道)는 여성이 따라야 하는 세 가지 도리라고 가르쳤다. 평생을 신세 지며 사는 것이 여자의 삶이었다.

여자만 그런가? 남자는 더 그렇다. 남자가 바깥일을 도맡아 했던 봉건시대는 물론 지금도 마찬가지다. 남자는 엄마 품에서 떨어져 사는 것이 여자보다 어렵다. 조실부모하고도 여자아이들은 굳세게 살아간다. 그러나 남자아이들은 그렇지 못하다. 늙어서는 아내가 세상을 먼저 떠나면 남자의 몰골은 흉해지고 혼자 사는 것이 힘들어진다.

요즘 여자들 중에 남편이 세상을 떠나즈면 만세를 부르는 경우가 있다고 한다. 최근 황혼이혼 청구자의 대부분은 여자다. 2016년 통계에 의하면, 황혼이혼에 대해 찬성한다는 응답이 70%다. 제2의 인생을 찾는 여성들이 황혼이혼 청구의 대표적인 이유다.

남성의 이혼 청구도 적지 않은데 '아내에게 버림받기 전에 내가 먼저 떠난다'는 것이다. 마지막 자존심이라도 챙겨야겠다는 것이다. 더 이상 신세 지고 싶지 않다는 말이다. 어차피 신세 지는 것이 인생이라면 신세를 잘 지면 되는데, 어려운 것 같다.

'잘 지는 신세'는 어떤 것일까? 신세를 지는 것은 부끄러운 일이 아니므로 당당하게 신세를 지면 된다. 신세를 잘 지면 좋은 인연이 되기도 한다. 작게는 물 한 잔 얻어먹는 것에서부터 정신적 도움과 물질의 도움을 받는 여러 가지 신세가 있다. 염치없는 신세가 아닌, 상대의 배려에 깊은 감사의 마음으로 지는 신세는 잘 지는 신세다.

그러나 대차대조표를 그리며 의식된 신세가 되면 문제는 달라진다. 갚아야 할 부채가 되기 때문이다. 더불어 서로 돕고 기대어 살면서 당당하게, 계산하지 말고, 아름답게 신세를 지면 된다.

그런데 신세는 꼭 갚아야 한다. 빨리 갚는 것이 좋다. 갚을 때는 충분하게 감사의 표시를 더해 갚아야 한다. 그것에 염치를 더해 살면 된다.

배은망덕은 인간의 가장 수치스러운 일이요, 밑바닥 인간이나 하는 일이다. 사는 동안 다시는 보지 말아야 할 사람은 은혜를 망각하는 사람이요, 은혜를 원수로 갚는 사람이다. 하나님은 우리에게 주신 은혜를 갚기를 원하신다.

하나님께 신세 잘 지고 살자!

2023년 6월 18일

감정 기억

최근 백세시대가 열리면서 장수 어르신들을 쉽게 볼 수 있다. 그런데 새로운 문제가 대두되었다. 곧 장수 질환이다. 건강하지 않게 오래 살게 되었다는 것이다. 그중에 치매환자들이 급증하여 많은 장수 어르신들이 치매를 앓고 있다.

치매는 어리석을 치(癡), 어리석을 매(呆)로 '일상생활을 하는 데 필요한 지능·의지·기억 등 정신적 능력이 상실된 상태'를 이르는 병이다. 과거 우리는 노망(老妄)이라고 했지만, 일본에서 치매라는 말이 들어오면서 지금까지 사용하고 있다. 즉 기억상실증이 치매다.

치매 증상(기억상실)은 20대 중반부터 시작하기에 젊은 사람도 치매를 앓는 경우가 있어 노인만의 질병은 아니다. 인간의 지능은 암기력이 좌우한다. 그래서 실력이 좋다고 평가받는 것은 기억력과 관련이 있다.

우리의 교육은 여기에서 벗어나지 못하고 암기 위주의 교육을 강조했던 것도 이 때문이다. 암기가 나쁜 것인가? 암기는 우리에게 절대 필요하다. 그러나 암기력이 실력의 전부가 아니기에 탓하는 것이다.

믿음이 무엇인가? 하나님을 기억하는 것이다. "네 하나님 여호와를 기억하라, 너는 청년의 때에 너의 창조주를 기억하라"라고 하시지 않는가?

묵상과 읊조림은 암기하여 깊이 새기는 것이다. 히브리어의 학문이라는 말은 암기라는 말과 동일하다. 그런데 죽기 전까지 무엇을 기억해야 하는가?

기억상실은 사건 기억상실부터 시작된다. 치매에 걸리면 최근 사건부터 기억이 상실된다. 다음으로 상실되는 것은 의미 기억상실이다. 사람을 몰라본다. 지남력이 없어 상황판단을 하지 못한다. 그다음으로 절차 기억상실이다. 변을 보고도 뒤처리를 하지 못한다. 그러나 마지막까지 기억하는 것은 감정 기억이다.

자신을 사랑해주고 친절하게 대해주는 것에 대해서는 마지막까지 기억한다. 상대가 누구인지는 몰라도 자신을 사랑해주는 사람이라는 것을 기억하여 고맙게 생각하고 눈물도 흘린다. 자신을 미워하고 거칠게 대하는 것도 기억한다.

세상을 떠나가는 상대방의 마지막 기억을 위해서라도 친절과 배려와 사랑으로 대하자. 눈을 감으면서 '세상은 따뜻했구나, 살 만한 곳이었구나' 하는 마음으로 세상을 떠나게 해주는 것이 보내는 사람의 도리요, 떠나가는 사람에 대한 대접이 아닐까?

왜 사랑은 영원하다고 말씀하셨는지를 알게 하는 대목이다. 나이가 들수록 좋지 않은 감정은 풀고, 좋은 감정만 마음에 새기며 살아가자!

하나님의 사랑을 간직하며 하나님의 품에 안기는 것이 최고의 축복인 것을….

2023년 7월 2일

4부

말씀 읊조림

감사에서 감탄으로

사람의 됨됨이는 '은혜를 알고 감사하는 것'으로 평가된다. 개인적으로 대인관계에 대해 습득한 지혜가 있는데, '은혜를 모르고 감사할 줄 모르는 사람과는 가까이하지 않는 것이 자신을 위해서 좋다'는 결론이다.

부모에게 효도하는 것은 부모의 은혜에 대한 감사의 결과다. 하나님께 찬양과 감사드리는 것도 마찬가지다. 하나님의 은혜를 알고 깨달은 성도는 찬양과 감사가 충만하다. 배은망덕(背恩忘德)이라는 말은 '은혜를 배반하고 저버렸다'라는 뜻이다. 은혜를 저버리는 것이 배반이요, 등 뒤에서 비수를 꽂는 것이 배은망덕이다.

감사는 내적 감흥을 의미한다. 마음의 감동이 감사의 시작이다. 마음 깊이 간직하는 것이 감사다. 평생 마음에 간직하고 잊지 않음이 감사다.

감사는 들숨과 같다. 감사의 깊은 심호흡을 통해 심령의 안정을 누린다. 감격과 감탄은 날숨이다. 감탄은 감사가 감격으로 승화되어 외적으로 표현된 것이다. 성숙한 인격을 가진 사람은 감탄사를 많이 사용한다. 행복한 사람은 감탄사가 일상에서 튀어나온다. 행복도가 높은 나라는 그들의 언어에 감사와 감격과 감탄사가 많은 나라다.

행복한 노년을 보내는 사람은 살아온 날들에 대해 감탄을 연발하는 사람이다. 나이가 들면 감탄이 줄어든다. 어린아이들은 개미가 기어가는 것만 봐도 '까르르' 자지러진다. 나이가 들면 그게 그거다. 별로 감동할 일이 없다.

프랑스 심리학자 마리 드 엔젤(Marie de Hennezel, 1946~)은 《살맛 나는 나이》에서 "노년의 지복은 아직도 살아 있는 것에 대한 감탄에 있다"라고 했다.

삶은 경이로움의 연속이다. 감탄은 몸의 체질을 바꾼다. 단 한 번의 감탄만으로도 행복 호르몬이 쏟아진다. 감탄은 마음의 바다에 행복의 파도가 출렁이게 한다. 감탄은 부싯돌과 같다. 감탄의 부싯돌이 부딪치며 불꽃을 튀기면 삶에 행복의 불꽃이 타오른다. 포르투갈어 '따봉'(Tá bom)은 좋다는 뜻으로, '따봉' 할 때 주먹을 쥔 상태에서 엄지손가락을 수직으로 올려 최상의 좋음을 표현한다.

미국 대안학교 프리스쿨의 교장 크리스 메르코글리아노(Chris Mercogliano)는 "두려움과 배움은 함께 춤출 수 없다"라고 했다. 감사의 들숨을 깊이 들이마시고 감탄의 날숨을 맘껏 내뿜어 보자.

주님이 주신 은혜의 심호흡을 통해 들이마신 들숨을 감격과 감탄의 날숨으로 쉬면서 두려움과 염려, 걱정, 근심을 날려 보내자.

2023년 8월 6일

바꿔쓰기

"집에서 새는 바가지, 밖에서도 샌다"라는 속담이 있다. 새는 바가지를 수리하지 않으면 집에서나 밖에서 새는 것은 마찬가지다.

수건이 귀하던 시절, 얼굴 수건으로 쓰다 낡아지면 발수건으로 썼다. 넥타이가 낡으면 허리띠로 쓰기도 했다. 부엌에서 쓰던 바가지가 낡아지면 똥바가지로도 썼다.

이렇게 낡은 것들을 용도를 바꿔서 마지막까지 썼다. 그러나 어떤 경우에도 깨어진 것은 아무 데도 쓸 수 없다. 고치지 않으면 폐품으로 처리할 수밖에 없다.

'고쳐 쓰기 힘들면 바꿔라'는 말은 다른 용도라도 쓸 수 있으면 쓰라는 말이고, 아예 사람 자체를 바꾸라는 말이다.

인생의 성공과 실패는 경력이다. 어떤 일에든지 성공한 경험이 있는 사람은 새로운 일을 해도 성공할 확률이 높다. 실패도 마찬가지다. 실패한 경험만 있는 사람은 새로운 어떤 일을 해도 실패할 확률이 높다. 삶에서 성공과 실패는 누적되어 어떤 일을 하든지 그것이 경력으로 쌓인다.

성공의 법칙은 자신이 할 수 있는 작은 일에서부터 성공의 실적을 쌓는 것이 중요하다. 다른 일로 점핑을 할 때, 과거 성공의 경험이 힘이 되기 때문이다. 볼트나 너트는 규격과 크기가 다르면 규격에 맞는 곳에 쓰면 된다. 그러나 사람은 다르다. 부정적인 사고를 가지면 업무를 바꿔도 부정적이다. 환경과 직위가 바뀌었다고 생각이 바뀌는 것이 아니기 때문이다.

사람은 나이 50세가 넘으면 바뀌기가 불가능하다고 한다. 그래서 "나이 50이 넘은 사람에게는 충고하지 말라"고 한다. 가장 바뀌기 어려운 것 중의 하나가 종교다. 결혼 상대가 불신자면 결혼하기 전에 신앙생활을 시작한 후에 결혼하는 것이 지혜다. 대부분 성인이 되어 교회에 찾아오는 사람은 주일학교의 경험이 있거나 군대에서 간식을 얻어먹으려고 세례를 받았던 사람들이 많다. 신앙의 씨앗이 심겨 뿌리가 있는 사람들이다. 바꿔 쓰면 된다고? 고쳐 쓰기나 바꿔 쓰는 것 모두 어렵다.

그러면 어떻게 해야 하는가? 골라 쓰는 거다. 아니면 적재적소를 찾아 쓰면 된다. 서까래 감을 대들보나 기둥으로 쓰면 모두가 낭패를 당한다. 우선 다급해서 여기저기에 함부로 썼다가는 집도 무너지고 사람도 다치고, 당사자도 부러져 낭패를 당할 뿐이다. "절이 보기 싫으면 중이 떠나라"라는 말처럼 스스로 떠나든지, 떠나 보내야 해결된다.

고쳐 쓰기, 바꿔 쓰기, 모두가 불가능하다면? 이젠 골라 쓰기다.

2023년 8월 27일

억척과 악착

우리 민족은 반만 년 동안 단일민족으로 살아남은 민족이다. 그래서 붙어 다니는 수식어는 '열악한 환경, 은근과 끈기, 백의민족, 단일민족' 등이다.

우리말의 '억척'이라는 말처럼 억척같이 살아남은 민족이다. 억척은 우리말로 '모질고 끈덕짐'이라는 뜻이다.

그런데 한자어 악착이라는 말이 비슷한 뜻으로 쓰인다. 악착(齷齪)은 '악착할 악, 악착할 착'으로 치아의 사이가 좁음을 뜻한다. 악착은 억척과 달리 '도량이 좁고 잔인하고 끔찍스럽다'는 부정적 의미가 강하다.

중국에서 악착이 처음 쓰인 것은, 6세기 초 시문집《문선》(文選)에 나온 말로 '자잘한 것에 마음을 쓰다'라는 뜻으로 쓰였다. 지금은 '도량이 몹시 좁음, 지저분하다'는 부정적인 의미로 쓰인다.

당나라 한유(韓愈)의 시 '악착'을 명문당에서 출간한《고문진보》에서는 '염치없는 자'로 번역하기도 했다.

불가(佛家)에 구전으로 내려오는 '악착보살' 이야기가 있다. 신앙심 깊은 보살이 자식들과 마지막 작별 인사를 하느라 극락정토로 가는 반야용선의 배를 놓치고 말았다. 다행히 배에서 밧줄을 던져주어 보살은 그 밧줄에 악착같이 매달려서 극락정토로 갔다고 한다.

아무튼 세상에서 자신이 목적하는 바를 이루려면 억척이든 악착이든, 끈질김이 있어야 한다. 그런 의미에서 의지력이 약한 자가 목표를 이루지 못하는 것은 당연하다. "해보려는 놈에게는 당해낼 재간이 없다"라는 말처럼 투지와 노력을 통해 목표를 이루는 것은 하나님이 주신 일반은총의 자연법칙이다.

승부 근성은 삶에 많은 장점을 가져다준다. 그러나 목표를 이뤘다고 다 이룬 것이 아니다. 악바리처럼 앞뒤 가리지 않고 원칙을 깨면서 목표를 이룬들 자신과 타인에게 무엇이 유익한가? 성취감 하나는 가질 수 있겠지만 그것 때문에 모든 것을 잃게 된다.

성경은 "선을 행하되 낙심하지 말지니 포기하지 아니하면 때가 이르매 이루리라"(갈 6:9) 하고 말씀한다.

주님도 잔칫집에 자리가 비어있는 모습을 보시고 "강권하여 데리고 오라"고 하셨다. KJV에서는 'compel them to come in'(강제로 들어오게 하라)으로 번역했다. 즉 '올 때까지 초청하라'는 뜻이다.

그러나 억척과 악착을 구별하자. 선한 목표를 위해 온갖 힘을 기울이더라도 수단과 방법을 선하게 하자. 이것이 억척이다.

2023년 10월 22일

올드머니 룩(oldmoney look)

솔로몬을 통해 주시는 말씀대로 '해 아래 새것이 없는 것'이 세상이다. 인간은 새것을 추구하지만, 이전에 이미 있었고 후에도 그와 같은 것이 계속 있을 뿐이다. 똑똑한 척하는 인간은 아이러니하게도 반복되고 빈번히 계속되는 일을 보면서도 경각심을 갖지 못한다.

그래서 역사학자는 이렇게 말한다. "인간은 역사를 공부하지만, 역사를 통해 배우지 않는다."

공수래공수거(空手來空手去)를 외치면서도 여전히 탐욕을 버리지 못하고 사는 것이 인간이다. 이 모든 것이 해 아래 새것이 없음을 나타내는 예일 뿐이다.

올드머니 룩(oldmoney look)은 대대로 물려받은 자산이 많은 상류층을 뜻하는 '올드머니'(oldmoney)와 '룩'(look)이 조합된 단어다. 정리하면 '유산을 물려받은 상류층이나 귀족가문에서 즐기는 패션 스타일'이란 뜻이다.

그들은 나름대로 형성된 문화가 있다. 산업화 한 세기 역사에 우리도 올드머니족이 생겼다. 그들은 겉으로 브랜드가 드러나지 않은 수수한 것들을 선호한다. 올드머니 패션은 '콰이어트 럭셔리'(quiet luxury)다.

신흥 부자(new money)들은 어떤가? 그들은 갑자기 돈을 벌게 되어 자신의 부를 과시하기 위해 명품으로 꾸미는 '뉴머니 패션'을 선호한다. 그들은 무조건 비싸야 한다. 무조건 커야 한다. 무조건 눈에 띄어야 한다. 삶 자체가 과시다. 내적 교양이나 인품보다는 겉으로 꾸미는 것에 대해 관심을 갖는다. 우선 타인의 눈에 띄는 것이 먼저다.

신앙도 마찬가지다. 우리의 140년 선교 역사에 100년이 넘는 역사를 가진 교회들이 즐비하다. 가족 간에 4~5대 신앙도 많다. 이것을 모태신앙을 넘어서 계대신앙(繼代信仰)이라고 부르고 싶다.

이들의 단점은 열정과 뜨거움이 사라졌다. 신앙의 연조는 자랑하지만 복음의 역동성은 찾아보기 힘들다. 그러나 진정한 부자는 스스로 부를 말하지 않는 것처럼 계대신앙도 드러내진 않아도 신앙심이 깊다.

당대신앙(當代信仰)은 열정과 뜨거움은 있으나 깊이가 부족하다. 기도의 버팀목이 없어 때로 방황하기도 한다. 신흥 부자와 같이 겉모습의 화려함을 추구하지만 영적 열매가 부족하다.

교회도 마찬가지다. 이제 막 부흥의 길에 들어선 교회는 외적 화려함을 추구한다. 긴 역사를 가진 교회는 화려함보다 깊이 있는 사역에 초점을 둔다. 환경이 어떻든지 복음은 능력이다. 그런 의미에서 성도와 교회는 건강하면 된다.

당대신앙이든지, 모태신앙이든지, 계대신앙이든지 깊이 있는 신앙인으로 살아가자!

주님만 바라보며 흔들리지 말자!

주님 위해 살고 주님 위해 죽을 수 있는가?

2023년 12월 3일

감사를 넘어 감격으로

　기독교의 핵심 진리는 창조주 하나님과 예수 그리스도 십자가의 은혜를 믿는 것이다. 참 신앙은 살아 계신 하나님과 구세주 예수 그리스도를 믿는 것에 대해 고백하는 것이다. 유심론자(唯心論者)들도 신의 존재를 부정하지 않는다. 20세기 최고의 과학자인 아인슈타인은 "나는 신의 존재를 믿는다"라고 했다. 그러나 그들이 믿는 신은 전지전능하신 존재일지는 몰라도 구원자 예수 그리스도를 믿는 것은 아니기에 기독교 신앙에 근거한 것이 아니다. "그래도 그게 어디냐?" 하고 반문할지 모르지만, 기독교 신앙이 아니다.

　그런데 더 큰 문제는 '십자가의 은혜를 왜곡시키거나 값싸게 여기는 것'이다. 히틀러의 나치정권 때 활동했던 본회퍼(Dietrich Bonhoeffer, 1906~1945, 루터교 목사)는 《제자도의 대가》(The Cost of Discipleship)에서 '값싼 은혜'에 대해 이렇게 정의한다.

　"값싼 은혜는 회개 없이 죄를 용서하는 설교요, 공동체 훈련 없이 베푸는 세례요, 죄의 고백 없이 참여하는 성만찬이요, 인격적인 참회 없는 면죄의 확인이다."

　덧붙여서 '순종 없는 은혜, 십자가 없는 은혜, 도성인신하신 예수 그리스도가 없는 은혜'도 값싼 은혜다. 각고의 훈련 없는 그리스도를 닮아감, 자기부인 없는 제자도, 사람들에게 인정받고 높임 받기를 원하는 리더십, 직분을 계급으로 아는, 자칭 '주의 종들', 복 받기를 원하지만 희생을 거부하는 성도들, 이런 것들로 가득한 교회가 기독교를 '값싼 은혜'의 종교로 만들었다"라고 했다.

깊이 생각해볼 만한 말이다. 그러나 자칫 공로주의에 빠져 내 공로로 은혜의 부족함을 채우는 것으로 생각하거나, 구원을 완성하는 것으로 여긴다면 더 심각한 오류에 빠진다.

하나님이 베푸시는 은혜를 인간이 손을 내밀어 받았기에 구원의 신인 공동 사역으로 여기는 것은 '반(半)펠라기우스주의' 사상이다.

어느 누구도 자신이 십자가를 지고 죗값을 치를 수 없기에 하나님이 몸소 십자가의 형틀에서 죽으신 것이 십자가의 은혜다. 그러므로 구원의 기쁨은 값비싼 은혜를 받은 감동, 감격, 감사가 충만한 것, 자체다.

올해 우리 교회의 표어를 "감사를 넘어 감격으로"라고 정했다. 모든 일에 감격이 넘치는 감사가 있길 바란다.

피동적이고 형식주의에 빠져있는 신앙이 아닌, 십자가의 은혜로 역동적이고 감성이 충만한 삶이기를 바란다.

2024년 1월 7일

아픔의 이해

사람만이 공감 능력이 있다. 동물들은 생존을 위한 애정 또는 욕구만 가지고 있을 뿐이다. 이기주의는 동물적 생존방식이다.

공감은 하나님의 성품을 가진 사람의 생존방식이다. 지금까지 인류는 이 문제로 다퉜고, 앞으로도 그럴 것이다. 그러나 이 문제는 싸우고 논쟁을 벌인다고 해결되지 않는다. 수천 년 동안 종교와 인문학에서는 이것을 해결하기 위해서 '인간애와 공감'을 가르쳤지만 해결되지 않고 있다. 왜냐하면 타락한 인간은 공감하려고 하지 않기 때문이다. 다만 모든 사람이 자신을 이해해 주기 바라는 이기적 사고로 가득 차 있다.

예일대학 월터스토프(Nicholas Wolterstorff, 1932~) 교수는 기독교 철학자이지만 세상에서도 명성을 얻은 철학자다. 그는 25세의 촉망받던 아들 에릭을 산악사고로 잃었다. 그는 아들의 장례식에서 "나 자신이 여기에 묻힌 것"이라고 했다. 그의 글 《나는 사랑하는 사람을 잃었습니다》에서 수많은 처절하고 몸서리치는 질문을 하나님께 한다. 그는 이렇게 말한다.

"사람은 고통을 당할 때 고통을 빨리 털어 내야 한다는 생각이

팽배하다. 그러나 고통을 떨쳐버리는 것은 불가능하다. 평생 안고 갈 수밖에 없다. 남들이 보기엔 슬픔을 계속 갖고 있는 것이 비합리적이고 이상하게 보일 수 있지만 아니다. 화나면 때리고 두려우면 도망치면 되지만, 사랑하는 사람을 잃었을 때는 사랑하는 만큼 슬플 수밖에 없다."

월터스토프 박사는 "자녀가 몇 명이냐?"라는 질문을 받으면 가장 고통스럽다고 했다. 사고당한 아이를 빼고 4명이라고 답해야 할지, 5명이라고 답해야 할지 몰라서다. 그에게 "자식이 네 명이나 남아 있지 않은가?"라고 하지만 위로가 아닌 더 큰 고통을 가져다준다고 하며 "자식은 아무 때나 구입할 수 있는 구슬이 아니다"라고 했다.

신앙생활은 하나님의 마음을 알아가는 것이라고 할 수 있다. 그래서 '하나님의 마음을 이해하려면 부모가 되어보라'고 한다. 아니면 '목회자가 되어보라'고도 한다. 그러나 그것으로 하나님을 이해할 수 없다. 자신의 입장에서만 생각하기 때문이다.

이해가 되지 않을 때도 사실을 받아주고 당사자의 입장에서 해결해 주고자 하는 마음을 가지면 용서하고 용납할 수 있다. 품어 줄 수 있다. 그것이 공감이다.

주님의 마음으로 공감하여 아픔을 이해하고 품어주는 공동체가 되기를 바란다.

2024년 1월 21일

얼굴

얼굴을 예사말로 '낯'이라고도 한다. 그런데 낯이란 말은 '민낯을 드러냈다'거나, '낯이 두껍다'는 등과 같이 부정적으로 쓰이는 경우가 많다. 이 외에도 낯 뜨거움, 낯가죽, 낯부끄럽다, 낯가림, 낯내기, 낯바닥, 낯간지러움, 낯익다, 낯설다, 낯살, 낯붉힘 등으로 쓰인다.

순수한 우리말인 얼굴은 '얼을 나타내는 굴'이라는 뜻이다. "사람의 나이 사십이 되면 자기의 얼굴에 대해서 책임을 져야 한다"라는 말처럼 얼굴을 통해 감정과 인격이 드러난다.

얼굴은 살아온 인생을 나타내는 거울과 같다. 얼굴 모습은 살아온 삶의 발자취며, 가꿔온 성품의 결정체다.

얼굴은 타고난 바탕에 자신의 개성을 더한 인생 작품이다. 얼굴은 자신의 인격으로 빚어낸 예술품이다. 즐거운 마음은 웃는 얼굴을 만들고, 고통과 슬픈 마음은 찡그린 얼굴을 만든다. 비판적이고 부정적인 마음은 짜증스럽고 불만이 가득한 얼굴을 만든다.

성경은 스데반의 얼굴에 대해 '그 얼굴이 천사의 얼굴과 같다'라고 말씀한다. 스데반 얼굴의 굴을 따라 그의 내면으로 들어가 보자.

> "그들이 돌로 스데반을 치니 스데반이 부르짖어 이르되 주 예수여 내 영혼을 받으시옵소서 하고 무릎을 꿇고 크게 불러 이르되 주여 이 죄를 그들에게 돌리지 마옵소서 이 말을 하고 자니라"(행 7:49~50).

그의 내적 심령에는 성령의 충만함이 있었다.

자신을 향해 돌을 던지는 사람을 사랑하는 마음으로 가득했다. 그리고 용서하는 아량의 풍성함이 넘쳤다.

내가 책임져야 할 얼굴, 그 얼굴에 나는 어떤 얼을 담고 있는가? 오늘도 내 민낯을 보이며 살아갈 건가, 아니면 가면무도회에 출연한 배우처럼 낯 두껍게 철면피로 살아갈 건가를 생각하자.

하나님은 중심을 보시는 분이다. 아무리 낯가죽을 두껍게 해도 하나님 앞에서는 가면을 벗어야 한다.

나이에 따른 화장의 변천사가 있다고 한다. '10대는 치장, 20대는 화장, 30대는 분장, 40대는 변장, 50대는 위장, 60대는 포장, 70대는 환장, 80대는 끝장'이라고 한다.

아무리 변장, 위장, 포장을 해도 얼굴에 나타난 내면의 얼은 숨길 수 없다.

얼굴의 굴 속에 숨어 있는 내 내면의 얼이 무엇인가? 병든 영혼인가, 아니면 주님이 주시는 샬롬의 평강인가?

영혼의 햇빛이신 주님의 햇살을 받아 따뜻하고 화사하고 찬란한 얼을 간직하는 낯으로 살자.

2024년 2월 25일

나다움과 아름다움

　순수한 우리말인 '아름'은 옛말에서 '나'의 다른 말이었다. 아름답다는 것은 섞임 없이 순수한 '나다움'이다. 그런데 요즘 아름다움을 나와 다른 것에서만 찾는다. 내가 살아가는 환경과 다른 이색적인 풍경을 보아야 아름답다고 생각한다. 현실과 동떨어진 이상의 세계만 동경하며 아름다울 것이라고 생각한다. 일상에서 볼 수 없는 특이한 것을 보면 무의식적으로 아름답다고 한다.

　이국적인 것, 새로운 것, 한 번도 경험해보지 못한 것, 나와 다른 것, 내가 가지지 못한 것만 아름답다고 생각하니 삶이 허무하고 일상이 불만족으로 가득하다. 그래서 행복하지 않다.
　여행 한 번 가보지 못했다고 "이렇게 살아서 뭐하느냐"라고 한다. 상다리 부러지게 차린 진수성찬의 밥상을 받아보지 못해서 불만이다.

　아름다워지는 것은 내가 나다워짐이다. 내가 나를 받아들일 때 자기의 모습이 아름답게 보이기 시작한다. 사람이 사람다울 때, 한국 사람은 한국 사람다울 때, 키 작은 사람은 작은 것 자체가 아름답다.

내가 다른 사람과 똑같아질 필요가 없다. 나 자신을 스스로 받아들이면 된다. 나이 들어 주름살이 늘어나는 것은 나이 듦의 아름다움이다.

"백발은 영화의 면류관이라 공의로운 길에서 얻으리라"(잠 16:31).

농부의 그을린 피부는 노동을 통해 얻은 아름다움이다. 젊은이의 화장기 없는 청순함은 젊음의 매력이다. 나를 바꾸어 다름을 연출하는 것은 꾸밈일 뿐이다.

하나님은 천지를 아름답게 창조하셨다. 성경은 창조 첫날부터 마지막 날까지 '하나님 보시기에 좋았다'고 반복하여 기록하고 있다.

"하나님이 모든 것을 지으시되 때를 따라 아름답게 하셨고 또 사람들에게는 영원을 사모하는 마음을 주셨느니라"(전 3:11).

그러므로 사는 날 동안에는 내 삶을 기뻐하며, 선을 행하라고 하신다.

피조물인 인간은 창조의 질서를 따라 살 때 아름답다. 어릴 때는 어린이답게, 젊을 때는 젊은이답게, 늙으면 늙은 모습으로 사는 것이 아름답다.

이렇게 살 줄 아는 사람이 탁월한 미적 감각을 가진 사람이다. 때를 따라 감사하는 사람이 인생 예술가다. 상대의 너다움을 보는 사람이 아름다움을 볼 줄 아는 사람이다.

하나님의 형상을 따라 창조된 인간은 선을 행할 때 아름답다. 그리고 하나님을 찬양하는 것이 최고의 예술이요, 하나님을 영화롭게 할 때 아름다움의 극치를 이룬다.

2024년 4월 21일

감정의 전후좌우

사람의 인격적 요소는 지·정·의(知情意)다. 이것을 온전하게 갖추고 있을 때 인간답게 살아갈 수 있다. 지난 세기에는 지적 요소를 중요하게 생각했다. 그러나 최근에는 지적 능력(IQ)보다 감정(EQ)을 더 중요하게 생각한다. '인간은 감정을 가진 존재'라는 말처럼, 감정을 잘 다스리고 감성이 풍부한 사람이 인격적이다.

지난 30여 년간 신경과학의 발전에 힘입어 '감정이 학습에 방해가 된다'는 과거의 관점을 바꿨다. '감정은 인지적 과정을 방해하거나 흐리게 만드는 존재가 아니라 감정 없이는 인지능력을 온전히 발휘할 수 없다'는 것이다. 이렇게 감정은 학습과 기억에 긴밀한 영향을 준다.

그런데 이런 결과를 통해 나는 '감정의 전후좌우'가 있음을 깨달았다. 감정의 전(前)은 감정을 담당하는 시스템(limbic system)이 이성을 담당하는 전두엽보다 약 10년 더 빨리 발달한다. 즉 기쁨과 사랑과 같은 감정의 발달이 생존에 필요한 동기부여를 하게 되고 긴장을 해소시켜 이성적 판단과 지적 능력을 고양시키게 된다.

감정의 개입이 없이, 즉 동기부여가 없이 학습활동이 일어나지 않는다. 특히 긍정적 동기부여는 모든 인지 활동과 학습에 지대한 영향을 끼친다. 이것이 감정의 후(後)라고 할 수 있다. 그러므로 상대를 설득시킬 때, 이성과 논리에만 의존하기보다는 감정을 움직이는 것이 더 중요하다.

그러면 감정의 좌우(左右)는 무엇인가? 그것은 1차적 감정과 2차적 감정이다.

1차적 감정은 분노·두려움·행복·슬픔·관심·놀라움·혐오·수치심 등 8가지다. 이것은 발생하자마자 즉시 반응을 보인다.

2차적 감정은 시간이 지나면서 복잡한 감정으로 변모한다. 1차 감정으로 화를 낸 것이 부적절했다는 것을 깨달으면 수치심을 느끼게 되는 것이 2차적 감정이다.

에크만(Paul Ekman, 1934~)은 "인간의 얼굴 표정은 7,000가지가 있지만, 상대가 식별할 수 있는 감정은 행복·슬픔·두려움·혐오·분노·놀라움 등의 보편적 감정만 식별한다"라고 한다. 그만큼 표정으로만 상대의 마음과 감정을 식별하기가 어렵다.

하나님은 사람의 중심을 보신다. 그러나 사람은 상대의 중심을 보지 못한다. 그렇다고 위선적으로 살라는 것인가? 아니다. 감정의 표현 방법을 배워야 한다. 결국 감정을 어떻게 만들어가고 발산해야 하는지 스킬(skill)을 가르쳐야 한다. 왜냐면 그것이 삶의 의욕과 지적 능력과 학습에 큰 영향을 끼치기 때문이다.

> "노하기를 더디 하는 자는 용사보다 낫고 자기의 마음을 다스리는 자는 성을 빼앗는 자보다 나으니라"(잠 16:32).

2024년 5월 5일

귀티와 빈티

사람의 인상은 중요하다. 인상, 즉 이미지를 우리말에서는 '티'라고 한다. 티란 귀티, 부티, 빈티, 천티와 같은 자신으로부터 풍겨 나오는 모습이다. 이것은 선천적일 뿐만 아니라 말과 행동, 걸음걸이, 앉아있는 자세, 상대를 대하는 태도, 의상과 헤어 스타일을 통해 묻어난다.

인품이 좋다는 것은 '자신의 속내를 다 드러내지 않아도 타인에게 좋은 감정을 줄 수 있도록 절제하는 말과 행동'을 말한다. 그런 의미에서 귀티는 '품위와 절제의 상징'이라고 할 수 있다.

부티는 귀티와 같은 맥락으로 '있어 보이는 모습'이다. 위선과 과시가 아닌, 멋있어 보여 누구나 본받고 싶은 모습이다.

빈티는 '꾸몄는데 어색하고, 돈을 들였는데 없어 보이는 것'이다. 천티도 빈티와 같은 맥락이다. 외모뿐 아니라 내면의 빈핍함이 겉으로 나타나는 모습이 천티다. 그래서 빈티와 천티는 무식, 천박, 경박함으로 표현된다. 우리나라 사람들은 '싼티 나는 것과 싸구려'를 싫어한다. 특히 섹시함을 탐탁지 않게 생각하는 것은 '백치미'(白痴美)의 인상 때문이다. 백치미란 누구든지 쉽게 접근할 수 있는 천티가 묻어있다고 생각하는 것을 말한다.

그래서 범접할 수 없는 당당함, 순수하지만 속일 수 없는 진실한 모습에서 신비감을 갖는다. 이것이 귀티다.

자신에 대한 타인의 반응은 나의 말과 행동의 결과로 얻어지기에 나를 판단하는 것에 대해 타인만 탓할 수 없다. 내가 귀티 나게 행동했다면 나를 귀히 여길 것이요, 빈티 나게 행동했다면 나에게 함부로 대할 것이다.

그러면 어떻게 부티와 귀티 나게 가꿀 수 있을까? 비싼 옷을 입지 않고 높은 지위가 없어도 위엄이 느껴지는 사람이 있는가 하면, 돈과 지위를 벗겨내면 초라해지는 사람이 있다. 부하지만 천해 보이는 사람과 가난하지만 귀해 보이는 사람이 있다.

귀티 나는 사람들은 말과 행동이 절제되어 있다. 많은 말을 하지 않아도 한두 마디의 말에도 무게가 있다. 빈티 나는 사람은 술 취한 사람처럼 반복 또 반복하여 말이 가볍다.

행동도 마찬가지다. 귀티가 나는 사람은 넘어서는 안 될 선을 지킨다. 모든 것에 선을 넘게 되면 천티가 난다.

주님은 인간적으로 흠모할 만한 외적 모습이 없으시다. 그러나 하나님만 간직할 수 있는 신적 권위가 있어 누구도 범접할 수 없는 영광에 둘려져 있으시다.

예수 그리스도의 제자 된 우리 모두 천박함을 버리고 귀티 나게 살자.

2024년 6월 30일

뽀모도로(Pomodoro)

'공부는 엉덩이 싸움'이라고 한다. 공부와 업무의 성과는 '누가 엉덩이를 붙이고 집중력을 갖느냐'가 핵심이라는 것이다.

사람의 집중력은 유한하다. 오랜만에 맘먹고 책상에 앉았는데 얼마 지나지 않아서 '화장실, 전화, 문자 확인, 물 마시러' 등 들락거리기 일쑤다. 집중력 없이 엉덩이를 붙이지 못하는 것이다.

맘먹고 성경통독하고 기도하려는데 잡념에 사로잡히기도 하고 졸려서 말씀과 기도에 집중하지 못한 채 '아버지'만 몇 번 부르다가 이마를 팔에 대고 엎드린다. 그리고 비몽사몽간에 천국과 지옥을 왕래하다가 하나님을 만났다느니, 계시를 받았다고 한다. 하나님의 말씀과 인간의 지성을 무시한 무지의 소치라고 하지 않을 수 없다.

'뽀모도로'(pomodoro)는 이태리어로 토마토인데, 이탈리아의 경영컨설턴트 프란시스코 시릴로(Francesco Cirillo)가 1980년대 후반 집중력 향상을 목적으로 제안한 시간 관리 방법 프로그램 이름이다.

이 이름은 시릴로가 대학 시절 토마토 모양의 조리용 타이머를 공부에 활용한 데서 붙여진 이름이다.

사람의 뇌는 휴식 없이 한 가지 작업에 완전히 몰두하기 어렵다.

그래서 시릴로는 짧은 시간의 작업(공부)과 휴식을 반복함으로 집중력을 키우는 훈련을 실시해서 성과를 이뤘다.

25분 동안 집중하고 5분 쉬는 것을 4번 반복, 120분 뒤에 30분 쉬도록 시간을 배분했다. 이때, '25분 집중+5분 휴식'의 사이클을 가리켜 뽀모도로라고 하고, 1회 완료하는 것을 '1뽀모도로'라고 했다.

이렇게 짧은 시간에 집중하는 것은 누구든지 쉽게 시도할 수 있다. 그러나 한 텀 동안에 절대 다른 짓을 해서는 안 된다. 그러면 집중력이 흐트러지며 다시 시도하여 훈련해야 한다.

인간의 뇌는 멀티 플레이하지 못한다고 뇌 과학자들은 말한다. 그러므로 몰입(think hard)은 타고난 것이 아닌, 훈련에 의해서 가능하다는 훈련프로그램이다.

뽀모도로 법칙은 공부와 업무, 그리고 기도와 예배의 모든 것에 적용 가능하다. 예배 시간이 60분을 초과하고, 특히 설교 시간은 30분을 넘어가기에 뽀모도로 방법을 사용하여 중간에 찬양과 역동적 순서를 삽입하여 활용하면 부흥집회와 같이 2시간 넘는 경우에도 예배와 말씀에 집중할 수 있을 것이다.

숏폼(short-form)에 익숙한 요즘에는 더욱 그렇다. 학습의 흥미보다는 집중할 수 있는 여건을 마련하는 것이 중요하다는 본보기를 보여주는 훈련프로그램이다.

무더위에 집중되지 않은 때에 "잠깐 쉬어라" 하시는 주님의 말씀을 다시 생각한다.

2024년 7월 21일

언격(言格)

　　니체(Friedrich Nietzsche, 1844~1900)가 '말은 곧 나 자신'이라고 말했던 것처럼 말은 곧 그 사람의 인격이다. 말은 사람의 속내를 나타내는 첫 번째 관문이다. 말은 자신의 존재를 가장 쉽게 드러낸다. 말투에서 묻어나는 감정이 섞인 말, 그리고 말에 담긴 지식은 자신의 존재와 상태를 가장 잘 나타낸다. 말은 삶이 묻어나는 영혼의 숨결이며 행동의 앞뒤에 나타나는 그림자와 같다. 따라서 말의 품격, 즉 언격(言格)은 인격(人格)이다.

　　말에는 생각이 담기므로 혼탁한 말과 오염된 말은 발화자(發話者)의 사고의 타락에서 비롯된다. 말은 감정과 의사소통을 위한 것인데 기능적 말만 주고받는다면 따돌림을 받게 된다.
　　나이가 50이 되면 모든 계층의 중심이 될 뿐 아니라 지도자의 위치에 선다. 그런데 시대의 흐름에 변화하지 않거나 적응하지 못하면 외톨이가 되어 꼰대로 취급받게 된다. "늙은 호랑이는 개들의 웃음거리다"라는 아랍의 속담을 기억하자.

한자어 '믿을 신(信)'은 '사람(人)의 말(言)'을 의미한다. 믿음을 주는 것은 말에서 비롯된다는 의미이고 믿음을 얻는다는 것은 말의 신임을 얻는다는 뜻이다. 환언하면 내 말이 타인에게 올바로 전달되어 동의를 얻을 때 믿음을 얻게 된다. 결국 말에 논리와 신빙성이 없으면 믿음을 얻지 못한다.

그런데 말은 말로 그치지 않는다. 행동이 말을 증명해야 한다. '언행일치'(言行一致)와 '지행합일'(知行合一)을 통해 '언격'을 갖추게 되는 것이다.

더 나아가 말과 행동은 마음에서 비롯된다. 즉 말과 행동은 마음 깊은 곳에서 시작된다. 그래서 '말은 마음의 소리' 언위심성(言爲心聲)이다. 말과 행동으로 표현되기 전에 울분과 기쁨 등 마음의 외침이 먼저다.

하나님은 중심을 보시지만, 사람은 그렇지 못하기 때문에 말과 행동을 보기 전에는 마음을 헤아릴 수 없다. 그래서 우리는 타인의 말과 행동에 집중할 수밖에 없다. 말이 거칠고 행동이 거친 사람은 마음도 거칠다고 보면 틀림없다.

실존주의 철학자 하이데거(Heidegger, 1889~1976)는 "언어는 존재의 집이고 인간은 그 언어의 집에서 산다"라고 말했으며, 언어철학자 비트겐슈타인(Ludwig Josef Johann Wittgenstein, 1889~1951)은 "언어의 한계는 세계의 한계다"라고 했다.

언어의 크기가 생각의 크기이고 언어의 세계가 나의 세계다. 사도 바울이 삼층천에 대해 '가히 이르지 못할 말'이라고 한 것은 인간의 한계를 드러내는 하나님의 세계에 대한 표현이다.

　언어의 수준이 인생의 수준인 이유는 세 가지다. 말은 자신의 수준을 나타내기 때문이다. 말은 삶을 좌지우지하기 때문이다. 그리고 말은 삶의 태도를 형성하기 때문이다.

　하나님 나라의 언어로 살자.

　하나님 나라의 언격을 갖자.

2024년 7월 28일

안전한 이별

　인생은 '만남과 이별의 연속'이다. 그래서 인생에 대해 '천륜', '인륜' 등으로 만남의 소중함을 가르친다.
　만남은 단순하지 않다. 만남은 삶의 관계와 연합이다. 성공적인 인생을 사는 사람은 항상 올바른 관계를 맺고 산다. 그리고 올바르지 않은 관계는 인생을 파멸로 이끌기에 관계를 청산하기 위해 이별을 선택한다.

　그런 의미에서 이별도 만남의 일부다. 만남이 많으면 이별도 많아지는 것은 당연하다. 그런데 이별의 과정에서 고통을 겪는 경우가 빈번하게 이루어지고 있다.
　이런 쓰라린 경험을 해본 사람은 '이별의 상처'에 대한 두려움 때문에 만남을 기피하는 경향이 있다.
　지난 5월에 일어난 '의대생 살인사건'으로 온 국민이 큰 충격을 받았다. 명문대 의대생 최모 씨(25세)가 고등학교 때부터 사귀던 여자친구로부터 '헤어지자'는 말을 듣고 대낮에 강남 한복판에서 범행을 저질렀다.

지난 3월에는 김레아 씨(26세)가 이별을 통보한 여자 친구를 흉기로 살해하고 그의 어머니까지 중상을 입혔다.

2015년 연인의 외도를 의심한 남성이 여성을 살해하고 시신을 유기한 사건 이후 '교제 폭력'이라는 말을 쓰기 시작한 것은 불과 10년이 채 되지 않는다.

그런데 최근에 사흘에 한 명꼴로 교제 폭력의 살인사건이 발생하고 있다. 이제는 이별이 무서워 어떻게 사람을 만나겠는가?

가출이란 '가족이 함께 살다가 동의 없이 집을 나가는 것'을 말한다. 청소년뿐 아니라 성인도 집을 나간다. 도저히 함께 살 수 없고 같은 공간에 머물 수 없어서 혼자 사는 사람들이 생겨나고 있다.

MBN 방송국의 프로그램 중 2012년 8월 22일부터 13년째 방영되고 있는 '나는 자연인이다'는 중년 이후의 남성에게 인기가 높은 프로그램이다.

"다투는 여인과 함께 큰 집에서 사는 것보다 움막에서 사는 것이 나으니라"(잠 21:9)라는 말씀처럼 온갖 스트레스에 시달리며 함께 사느니 산중에서 홀로 사는 모습에 공감이 간다.

'밤 봇짐'은 야반도주의 방언이다. 최근 '죽지 않으려면 몰래 이사하라'는 말이 유행이지만, 이별이 범죄라도 되는가? 사랑한다는 미명 아래 폭력을 행사하거나 괴롭히는 것은 중대한 범죄다.

안전한 이별은 어떤 것일까? 밤 봇짐을 싸는 것이 아닌, 피차 더 나은 삶을 위해 축복해 주는 이별이다. 바울과 바나바가 의견의 충돌이 있을 때 자신의 사명을 위해 피차 갈라선 것처럼 말이다.

　만남, 매우 중요한 세상살이의 한 부분이다. 그에 못지않게 이별도 중요하다.
　잘 헤어지자!

2024년 8월 18일

삼인성호(三人成虎)

삼인성호(三人成虎)라는 고사성어가 있다. '세 사람만 우기면 없는 호랑이도 있게 만들 수 있다'는 뜻이다.

위나라 관리 방총이 왕을 찾아와 "지금 저잣거리에 호랑이가 나왔다고 하면 믿으시겠습니까?" 하고 물으니 왕은 믿지 않는다고 했다. 그러면 '두 사람이면 어떻겠냐'고 하자, 생각해보겠다고 했다. 다시 '세 사람이 말하면 믿겠느냐'는 질문에 왕은 '믿겠다'고 했다.

증삼살인(曾參殺人)이라는 말도 있다. 이 말은 '헛소문도 여러 차례 반복되면 사실처럼 된다'는 것을 비유하는 말이다.

공자의 제자 증자가 노나라 '비'라는 곳에 있을 때였다. 이곳에 증자의 본명과 같은 증삼이라는 사람이 있었다.

어느 날 그가 살인을 했는데 사람들이 증자의 어머니에게 달려와 증자가 살인을 했다고 말했다. 증자의 어머니는 들은 척도 하지 않았다. 얼마 후 또 다른 사람이 말을 했는데 증자의 어머니는 태연히 베를 짰다.

한참 후 또 다른 사람이 증자가 사람을 죽였다고 하니 그녀는 담을 넘어 도망을 쳤다.

'3의 법칙'으로 유명한 미국 스탠퍼드대 심리학자 짐바르도(Phillip George Zimbardo, 1933~)는 "세 명이 모이면 집단이라는 개념이 생긴다. 그것이 사회적 규범과 법칙이 되고 특정한 목적이 있는 것으로 보이게 된다. 그리고 세 명만 모이면 움직임(movement)이 일어난다. 그래서 상황을 바꾸는 구체적인 힘으로 작용한다"라고 했다.

"세 사람이 의기투합하면 나라도 세운다"라는 중국속담이 있듯이 동서양의 교훈 모두 세 사람이다. 좋은 일이든, 나쁜 일이든 세 사람만 한 덩어리가 되면 어떤 일이라도 이룰 수 있다는 말이다.

요즘 가정과 국가와 교회가 왜 이렇게 소란스러운가? 우리는 정보 혼란의 시대에 살고 있다.

'자기 옳은 소견대로 살았던 사사시대'보다 100배는 더 혼란한 시대가 되었다. 거짓이 난무하여 귀 막고 눈 감고 사는 것이 정신건강에 도움이 되고 영적 손해를 입지 않는 세상이 되었다.

거짓으로 뒤엉켜있는 세상에서 성도는 진리와 사실에만 관심을 갖고 그것을 기반으로 하나가 되자!

사탄의 최고 전략은 혼란과 갈등이다.

성령님의 역사는 하나 됨과 질서다. 더 이상 거짓에 농락당하지 않도록 피차 신뢰하고 사랑으로 하나 되자! 아버지와 예수님이 하나 됨과 같이….

"한 사람이면 패하겠거니와 두 사람이면 맞설 수 있나니 세 겹줄은 쉽게 끊어지지 아니하느니라"(전 4:12).

2024년 10월 20일

혼잣말(self-talk)

　인품의 크기는 마음과 말과 행동의 그릇 크기와 동일하다. "쥐뿔도 없으면서 말만?"이라고 핀잔을 듣기도 하지만, 자신의 말에 책임지려 한다면 분명 그 사람은 인품의 그릇이 큰 사람이다.
　사실을 부풀리는 허언증이 아닌 이상 생각을 담는 말 그릇은 인생의 크기를 가늠하게 한다.

　말은 입 밖에 내기 전에 이미 스스로 입력시킨 생각이 튀어나오는 결과다. 무의식의 말이라고 변명하지만, 그것은 본능과 함께 생각의 훈련으로 쌓아둔 것이 흘러나온 것이다.
　용암처럼 뿜어 나오는 말과 감정은 평소에 쌓아두고 짓눌렸던 것이 폭발한 것들이다.

　그러므로 언어의 훈련에 앞서 마음의 훈련을 해야 한다. 사고의 풍부함은 풍성한 삶을 살게 하는 원천이다. 마음의 그릇을 넓히면 모든 것을 수용할 수 있는 공간이 생긴다.
　마음의 그릇이 넓으면 어떤 오물과 같은 것이 자기의 삶에 파고들어도 수용하고 정화시켜 깨끗한 말로 반응하여 스스로 더럽히지 않는다.

마음의 훈련은 말의 훈련으로 이어지는데 그 과정에서 혼잣말은 중요하다. 혼잣말은 독백(monologue)이 아니다. 혼잣말은 푸념(complaint)도 아니다. 혼잣말은 마음을 정화시키는 말이다. 혼잣말은 정신이 혼미해서 주절거리는 말이 아니다.

혼잣말은 자기의 내면을 들여다보며 스스로 답을 찾아가는 말길이다.

다윗은 혼잣말을 잘했다. "내 영혼아, 어찌하여 낙망하는가. 너는 하나님만 바라라!"

기도는 하나님을 바라보며 혼잣말을 하는 것이다. 혼잣말로 하는 기도는 내 말을 하나님께 드리고, 하나님의 음성을 들으면서 되뇌며 또 혼잣말로 자신을 세워가는 것이다.

세상의 모든 것은 유통기한이 있다. 그렇게 죽고 못 살겠다고 하면서 했던 사랑의 고백도 삼 년이면 약발이 떨어진다.

그러나 말에는 유통기한이 없다. 상처받은 말은 마음에 박혀 평생 잊히지 않는다. 용서했고 용서받았는데, 잊혀지지 않는 것이 말로 받은 상처다.

혼잣말도 그렇다. 명상은 깊은 호흡에 마음을 담아 내뿜는 훈련이다. 그러나 묵상은 하나님의 말씀으로 혼잣말을 하는 것이다.

묵상은 내 생각과 마음을 비워내고 하나님의 말씀으로 채우는 것이다. 그런 과정에서 혼잣말은 유용하게 사용된다.

지금 나는 어떤 혼잣말을 하는가? 치얼 어핑(cheer upping)하는 혼잣말을 하자!

"선한 사람은 그 쌓은 선에서 선한 것을 내고 악한 사람은 그 쌓은 악에서 악한 것을 내느니라"(마 12:35).

2024년 11월 3일

말씀 읊조림

종교개혁자 루터(Martin Luther, 1483~1546)는 '창조주 하나님이 인류에게 주신 가장 큰 선물은 특별은총인 하나님의 말씀을 기록한 성경'이라고 했다.

이 말에 누구도 반박할 사람은 없다. 하나님께서 주신 가장 귀한 최고의 선물인 성경 말씀을 우리는 믿는다. 그런 성경을 우리는 어떻게 대해야 하는가? 말씀대로 믿고 말씀대로 살면 된다.

그렇게 하려면 어떻게 해야 하는가? 읊조려야 한다. '읊조림'은 '뜻을 생각하며 감정이나 억양을 넣어 낮은 목소리로 읽거나 외우는 것'을 말한다.

옛 선비들과 후학들은 수학하는 자세 중 가장 효과적인 방법으로 읊조렸다. 특히 유대인들은 성경을 정독하지 않고 중얼거리며 읊조린다.

우리도 '하늘 천, 따 지'를 몸을 앞뒤로, 좌우로 흔들며 읊조리며 외웠다.

예루살렘 통곡의 벽에 가면 유대인들이 토라를 보면서 몸을 앞뒤로 흔들며 기도하는 모습을 볼 수 있다. 그들은 토라를 읽고 암송하면서 열정적으로 읊조리며 기도한다.

그들은 한두 시간을 읊조리면서 지루해하지 않는다. 읊조리는 모습을 통해 토라가 '송이 꿀보다 단 말씀'임을 증명하며 행복하게 기도한다.

읊조림은 말씀을 반복적으로 되풀이하며, 지속적으로 호흡하듯이 깊은 은혜의 자리로 나아가는 특징이 있다. 읊조림은 숨이 찰 때 심호흡을 하는 것과 같이 주님의 은혜를 깊이 들이마시는 것과 같다.

들숨의 깊은 호흡처럼 말씀을 들이마셔 심령을 채운다. 날숨을 내뱉듯이 자신의 곤고한 심령을 고백한다.

이렇게 다지고 또 다지며 영혼의 깊은 곳에 말씀을 차곡차곡 쌓아가는 것이 읊조림이다.

읊조림을 통해 주님의 관심에 깊이 동참하게 된다. 되풀이하는 읊조림은 지속적인 은혜의 호흡과 같다. 또 말씀을 받아 심령 깊은 곳에 채우고 심령의 찌꺼기를 토하여 내뱉는다.

이렇게 말씀을 인정하고 고백하는 반복적 행위가 읊조림이다.

시달린 영혼이 읊조림을 통해 하나님과 영적 교제를 갖고 스스로 다독거리며 영적 에너지를 공급받는다. 사람과 세상 풍파에서 받은 상처를 말씀으로 심호흡하여 씻어내는 것이 읊조림이다.

읊조림의 시간은 주님과 은밀히 데이트하는 시간이다. 읊조림의 시간은 주님이 보내신 사랑의 편지를 한 구절, 한 구절 읽으면서 행복해하는 시간이다.

  읊조림은 주님을 향한 막힘없는 찬양이며, 사랑의 고백이다.

  그러므로 말씀을 읊조리면 어떤 문제 앞에서도 당당해진다.

  면목 없음에도 읊조리면 주님께 나아갈 용기가 생긴다. 말씀 앞에 엎드리자. 그리고 고백하자. 이것이 읊조림이다.

2024년 12월 22일

관계 르네상스

컴퓨터나 스마트폰 등 전자기기가 작동되지 않아 난감해할 때 누가 나에게 조언을 해줬다. "껐다 켜보세요!" 그래서 끄고 한참을 기다렸다가 조심스럽게 기대하며 켰더니 재가동되었다. 이것을 리셋(reset)이라고 한다. 초기화시키는 것을 말한다. 세상만사에 리셋이 필요하다.

특히 관계에 있어서는 더욱 리셋이 필요하다. 천륜(天倫)은 혈연관계다. 끊는다고 끊어지는 것은 아니지만 리셋이 필요하다. 인륜(人倫)은 사회활동에서 맺어진 관계다. 옷깃만 스쳐도 인연이라고 하지만, 불필요한 관계는 잊어버리고 리셋하자. 최근 코로나19 이후 비대면 중심의 관계가 급격하게 증가되었다. 이것도 리셋해야 한다. 한 걸음 더 나아가 관계의 리셋을 위해 '관계 르네상스'(Relationship Renaissance)가 필요하다.

과거 농경사회에서는 출생 때 맺어진 공동체를 벗어나 생존하기가 어려워 평생 공동체(우리)라는 울타리에 묶여 살았다. 산업화 이후 르네상스를 통해 역사의 변혁기를 맞았다. 르네상스의 특징은 자아의 발견이다. 관계도 독립된 자아에서부터 우리라는 개념을 확장

시켰다. 우리 안에 갇혀있는 내가 아닌, 우리보다 내가 중요한 시대가 된 것이다. 이것이 관계 르네상스다.

포스트모던(post modern)사회에서는 새로운 관계를 찾기가 더 쉬워졌다. 이민, 이직 등을 통해 새로운 세계로 나가기가 쉬워진 것이다. 더구나 비대면의 가상 공간에서 새로운 관계를 맺는 환경이 되었다.

해 아래 새것이 없다지만, 자신의 새로운 세계를 향한 발걸음은 절대 필요하다. 정리할 것은 정리하고 사는 삶이 중요하다. 그러나 한 가지 잊지 말아야 할 것이 있는데 그것은 하나님과 관계를 단절하고 살 수 없다는 것이다.

그 대표적인 그룹이 청교도다. 청교도들의 삶은 하나님과 올바른 관계가 최우선이었다. 그래서 그들은 기득권을 포기하고 삶의 터전을 뒤로한 채, 신세계를 향해 과감하게 떠났다. 하나님과 올바른 관계를 맺기 위해 관계 르네상스를 했던 것이다.

정년을 앞둔 사람들은 정년 후 새로운 삶에 대한 갈망이 있다. 그래서 옛 관계를 정리하기 위해 주거지를 옮긴다. 전화번호도 정리한다. 애경사에 눈을 감는다. 몸도 리셋하기 위해 관리를 시작한다. 무엇이 부족하거나 능력이 없어서가 아니다. 자신만의 삶을 위한 개인의 르네상스 운동이다. 버릴 건 버리자. 그리고 하나님을 위해 리셋하는 것과 관계 르네상스 하는 것을 잊지 말자!

2025년 1월 19일

받은 것과 물든 것

　인간은 시간과 공간 안에서 존재한다. 그래서 인간의 삶은 과거, 현재, 미래의 연장선상에 놓여있다. 내 인생의 시작이 역사의 시작은 아니다. 나는 태고부터 내려오는 시간의 한 부분에 걸쳐 사는 것이기에 현재만을 고집하며 과거 없이 살 수 없다. 그렇다고 현재로 삶이 종결되는 것도 아니다. 종말이 오기 전까지 역사는 계속된다. 그래서 역사의식은 중요하다. 역사의식은 역사를 존중하는 태도다. 역사적 관점이나 시간의 흐름에 따라 사회현상을 파악하고 변화에 주체적으로 참여하려는 의식을 역사의식이라고 한다. 역사의식을 가지면 시류의 흐름을 아는 역사적 감각이 생긴다.
　개인이나 세계의 모든 역사는 두 가지 기조 위에서 이루어진다. 곧 물려받은 것과 새롭게 물들이는 것이다. 인류의 역사는 받은 것에서부터 시작된다. 창조주의 천지 창조 위에 인류 역사가 시작되었다. 개인도 부모로부터 받은 것에서부터 시작된다. 그것을 유전이라고 부른다.
　인간은 창조의 능력이 없기에 새로운 역사를 만들 수 없다. 받은 것을 리모델링 할 뿐 이다. 그것의 행위가 색칠하는 것인데, 다른 말로 물들이는 것이라고 할 수 있다. 받은 것 위에 색으로 덧칠해서 입히고 또 입혀 수백, 수천 년이 지나면 다른 형태의 모습으로 보이지만, 벗겨보면 원래의 모습이 드러난다. 그것이 인간의 본성이요, 인류 문화의 뿌리다.

'한국적인 것이 세계적'이라는 말을 한다. 이 말은 한국을 세계의 중심으로 삼겠다는 선언이다. 그러나 받은 것이 무엇이고 어디서 받았는지, 수천 년의 역사에서 우리가 색칠한 것이 무엇인지를 안다면 이 말에 대해 움츠러들 수밖에 없다.

이렇게 물려받은 것을 무시할 수 없다는 것을 알고 무엇으로 색칠할 것인지를 정해야 한다. 개인의 삶에 어떤 물감으로 어떻게 물들일지는 인생의 과제다. 물려받은 것을 계승하기만 원한다면 전통적 삶을 살게 될 것이다. 그러나 새로운 것으로 물들여 살기를 원한다면 변형된 삶을 살게 될 것이다. 전통과 퓨전(fusion)과 전혀 새로운 것처럼 덧칠한 것으로 세상은 온통 뒤덮여 있다.

그러나 성경은 "그런즉 누구든지 그리스도 안에 있으면 새로운 피조물이라 이전 것은 지나갔으니 보라 새것이 되었도다"(고후 5:17)라고 선언한다. 그리스도인들은 물려받은 것을 바탕으로 그리스도로 물들인 삶을 사는 것이 아니다. 물려받은 옛것은 버리고 그리스도 안에서 새롭게 사는 것이 그리스도인의 삶이다.

우리 모두 선포하자. "보라 새것이 되었다!" 그리고 새 하늘과 새 땅을 바라보면서 새롭게 살아가자!

2025년 2월 2일

머슴살이

　1970년대까지만 해도 머슴의 제도가 있었다. 머슴은 부농의 집에 고용되어 숙식을 제공 받고 농사일 등을 돌보았다. 가사도우미인 식모도 마찬가지였다. 최초 기록은 중종 22년(1527년)에 발간된 최세진의 '훈몽자회'(訓蒙字會)에 고공(雇工)이 머슴으로 표기되어 머슴의 어원이 오래된 것으로 추측된다.

　고종 31년(1894년)에 있었던 갑오경장 이후에는 많은 노비를 머슴으로 전환하였고, 호칭도 머슴으로 불러 일반화되었다. 머슴은 노동력과 농사 경험에 따라 상머슴·중머슴, 보조역할을 하는 꼴머슴으로 구별했다. 근대사회에서는 꼭 농사일만 거드는 것이 아닌, 고용주 집에서 거주하며 임금을 받고 노동력을 제공하는 노동자를 일컬었으며, 고공(雇工)·고용(雇傭)·용인(傭人) 등이 있었다.

　고용 기간에 따라 일 년 단위로 고용되던 연머슴, 한 달만 고용된 달머슴(月傭)과 계절 고용의 반머슴(季節傭)이 있었다. 고지(雇只) 머슴은 일정한 토지나 가옥, 또는 식량을 대여받고 일정 기간의 노동을 하거나 일정 작업량을 수행해 주기도 했다.

　8·15 이후 1950년에 남한에만 27만 578명의 머슴이 있었다.

6·25전쟁을 겪은 다음에도 계속되어 1960년에는 농가 21만 9157호에 24만 4,557명이나 되었다. 이는 당시 전체 농가의 약 10%에 달했다. 이렇게 1970년대까지 머슴은 보편화된 고용 형태였다.

그래서 나는 사역을 시작하며 그리스도의 종으로 사명을 감당하겠다고 생각하여 하나님의 머슴으로 살려고 했다. 숙식만 제공되면 어느 곳에서든지 몸을 바쳐 하나님의 교회를 섬기고 싶은 마음이었다. 그래서 안수 후 목양지가 없을 때, 어느 교회에 관리인 자리에 이력서를 제출하기도 했다.

그런데 지금 제왕의 모습으로 변해 있는 모습을 보며 씁쓸한 웃음을 짓는다. 그러나 마지막으로 하나님의 진정한 머슴살이를 하고 싶어 실버선교사를 꿈꾼다. 진짜 타향살이다운 이역만리 머슴으로 남은 생애를 바치고 싶다.

우리의 인체도 머슴살이를 하고 있는 것을 아는가? 생존을 위해 모든 지체는 충실한 머슴살이를 한다. 몸은 뇌의 명령에 따라 일사불란하다. 생명을 보존하기 위해 어느 지체도 불평하거나 반항하지 않는다. 그런데 그리스도의 지체인 성도들은 자기만 살려고 머슴살이를 거부하고 반항하며, 가출(가나안 성도라고 불리는)하여 외곽에서 그리스도의 몸을 공격하는 어처구니없는 현상이 일어나고 있다. 이제 우리 모두 충실한 머슴살이를 한번 해보자!

2025년 3월 2일

넘사벽

벽(壁)은 자신을 지키기 위해 만든 칸막이다. 벽은 외부의 무단출입을 차단하고 공격을 막는 역할을 한다. 성채는 고대사회에서 성을 지키는 중요한 기능을 했다. 성벽이 무너지면 성이 무너져 점령당한다. 성을 점령하여 빼앗은 적군은 백성들을 수탈한다. 성을 쌓고 지키는 일은 백성을 지키는 일이다.

이스라엘 백성이 바벨론의 포로로 끌려가 있는 동안 예루살렘 성전은 물론, 예루살렘 성이 방치된 채 있었다. 포로에서 풀려난 후에 그들은 성전을 재건하고 무너진 성을 수축해야 했다. 그러나 그들은 손을 놓고 누구도 앞장서지 않았다. 그때 느헤미야가 고국의 그런 소식을 듣고 예루살렘 총독을 자청하여 부임한 후, 100년이 넘도록 방치되고 있었던 성벽을 52일 만에 완공했다.

벽은 물리적인 벽과 은유적인 벽, 두 가지가 있다. 물리적 벽은 '공간을 나누고 에워싸는 데 사용되는 구조적 요소'로 벽 안쪽을 보호하기 위한 역할을 한다. 은유적 의미에서의 벽은 '극복하기 어려운 한계나 장애'를 이르는 말로 무너뜨리고 극복해야 할 대상을 일컫는 말이다.

지난 20여 년 전부터 사람들의 진입을 막기 위해 대형버스를 이용한 차벽(Car barricade)을 쌓는 경우를 자주 보게 된다. 차벽은 시위대가 사전에 신고한 곳의 이동 경로를 이탈하지 않도록 제어하는 역할을 한다. 현재와 같은 형태의 차벽은 김대중 정부 시절 2002년 '미선이 효순이 추모 촛불시위' 때부터 사용하기 시작했으며, 그 이후 경찰과 시위대의 충돌을 최소화하여 부상자 수가 급격히 감소했다.

물리적인 벽은 안과 밖을 단절시킨다. 마음의 벽은 타인과 교감을 단절시킨다. 이런 벽은 뚫고 나가거나, 넘거나, 부숴뜨려야 넘을 수 있다. 요즘 극단의 생각을 가진 양편이 길 하나를 사이에 두고 대치하며 대형시위를 벌이고 있다. 대통령 탄핵 선고를 코앞에 둔 현재 언제 폭발할지 모르는 극한 대립을 하고 있다. 소름이 돋는다. 한 번 갈라진 마음, 쌓아놓은 벽은 이렇게 무섭다. 넘사벽인가?

'넘사벽'은 '넘을 수 없는 사차원의 벽'을 줄인 신조어다. 매우 뛰어나서 아무리 노력해도 따라잡을 수 없거나 대적할 만한 상대가 없음을 이르는 말이다. 그런데 우리는 스스로 이런 벽을 만들어 피차 망하는 길로 가고 있다. 차벽이 넘사벽이 되었고, 그것이 벽창호가 되었다.

이젠 하나님께서 개입하지 않으면 해결을 찾지 못할 처지가 되었다. 나라가 망하는 것을 두고 볼 수 없어 한숨만 나온다. 오직 막힌 담을 허시는 하나님께서 어떻게 인도하실지 기다리며 기대할 뿐이다.

2025년 3월 23일

스몰토크(small talk)

처음 만나는 사람에게 말을 건넨다는 것은 쉽지 않다. 좁은 공간에서 단둘이 마주쳤을 때 시선을 어디에 두어야 할지 난감해할 때가 있다. 엘리베이터 같은 좁은 공간에서는 더욱 그렇다. 공간이 좁아서 답답한 것보다 할 말이 없어서 숨 막힐 경우가 많다.

이때 가벼운 말로 시작하는 인사말은 답답함을 풀어준다. 이것을 스몰토크(Small talk)라고 한다. 스몰토크는 처음 만나는 사람이나 어색한 상황에서 분위기를 쇄신하고 대화를 시작하기 위한 가벼운 대화를 말한다. 예를 들어 일상적인 주제인 날씨 등으로 시작하여 상대방의 반응에 따라 대화 주제를 확장해나갈 수 있다.

가볍게 시작한 스몰토크가 그 이상의 역할을 한다. 스몰토크는 상대에게 적대감이 없음을 나타내고 친근함을 드러내는 데 유용하게 쓰인다. 스몰토크의 주제는 사소한 것들이다. 그런데 그것을 사소하게만 생각하여 실수하면 그 사소한 것이 중요한 일이나 상대의 관계에 좋지 않은 영향을 끼칠 수 있다. 그러므로 상대에게 혐오감을 주거나 부담이 되는 주제는 피하는 것이 좋다.

개인주의 성향이 짙은 한국인이나 일본인, 북유럽인에게는 스몰토크가 부담스럽게 느껴질 때가 많다. 차라리 이런 사람들에서는 서로 핸드폰만 바라보고 관심 없는 척해 주는 게 편할 때가 있다. 하지만 이런 사회에서도 부담 없는 주제로 인사를 나누는 것은 인간관계에 풍요로움을 준다.

스몰토크에 비언어적 표현을 사용하는 것도 중요하다. 상대의 말에 리액션을 적절히 넣어주며, 반응을 보여주는 것이다.

그러나 외모에 대한 언급은 삼가는 것이 좋다. "살이 왜 이렇게 많이 빠졌어요?", "많이 피곤해 보여요"처럼 염려해서 하는 말이 의도와 다르게 상대를 불편하게 만들 수 있다.

예수님은 다양한 계층의 사람들과 다양한 상황에서 대화하셨다. 예수님의 대화의 핵심기술은 진정성과 사랑이다. 어떤 사람과 대화하든지 진심을 담아 상대의 마음을 이해하고자 하셨다. 예수님은 일상적이고 평범한 사건이나 주제를 통해 누구나 쉽게 이해할 수 있도록 대화하셨다. 특히 질문을 통해 사람들의 마음을 여는 모습은 본받아야 할 대화법이다.

정오에 물 길러 온 사마리아 여인에게 "물을 좀 달라"고 말씀하심으로 대화의 문을 여셨다. 예수님은 이렇게 일상적인 주제와 상대의 욕구를 통해 대화를 시작하셨다. 그리고 대화의 중심에는 언제나 상대의 영적 필요를 채우고자 하는 사랑과 관심을 두셨다.

상대에게 말문을 열자. 그러면 마음 문도 열릴 것이다.

2025년 4월 27일

5부

인상(人相)과 인상(印象)

인상(人相)과 인상(印象)

레오나르도 다 빈치(Leonardo di ser Piero da Vinci, 1452~1519)의 명작 '모나리자'는 시대를 뛰어넘어 우리에게 사람의 인물상에 대해 시사해 주는 바가 크다. 이 작품은 다 빈치가 피렌체의 부호 프란체스코 델 조콘다를 위해 그의 부인인 엘리자베타(Elisabetta)를 그린 초상화로 잘 알려져 있다. '모나리자'(Mona Lisa)의 '모나'는 이탈리아어로 유부녀에 대한 경칭이며, '리자'는 조콘다의 부인 이름이다. 조콘다의 부인은 피렌체의 안토니오 마리아 디 놀드 게라르디니의 딸임이 밝혀졌으며, 본명은 리사 게라르디니(Lisa Gherardini)다. 이 작품은 그녀의 나이 대략 24~27세 때의 초상이며, 이 초상에는 처음부터 눈썹이 없었다는 것이 확인되었다. 그 이유는 당시 넓은 이마가 미인의 전형으로 여겨져 여성들 사이에 눈썹을 뽑아버리는 일이 유행했기 때문으로 알려진다.

모나리자의 미소는 이를 보는 사람에게 신비감을 주어 많은 풍설과 함께 '모나리자의 수수께끼'로 오늘날도 적지 않은 문학적 관심을 끌고 있다. 레오나르도 다 빈치는 이 초상을 그리기 위해 악사와 광대를 불러 모나리자의 심기를 항상 즐겁고 싱그럽게 함으로써 정숙한 미소를 머금은 표정, 편안한 손 등을 표현할 수 있었다고 한다.

정연아의 1997년 베스트 셀러인 《성공하는 사람에겐 표정이 있다》라는 책 제목처럼 사람에게는 누구나 표정이 있다. 심경이 괴로운 사람에게는 괴로운 표정이 있고, 즐겁고 기쁜 사람에게는 웃는 표정이 있으며, 일에 대한 확신이 있는 사람에게는 확신에 찬 표정이 있다.

'인상'(人相)은 얼굴의 생김새를 일컫는 말로, 이 인상을 보고 점을 치기도 한다. 그러나 또 다른 '인상'(印象)은 어떤 대상에 대하여 마음속에 새겨지는 느낌을 말한다. 그러므로 사람의 관상은 근본적으로 인상(印象)을 말하며, 곧 얼굴에 나타난 심상(心狀)을 말한다고 할 수 있다. 내적 심경이 외적으로 나타나는 인상(印象)은 그 사람의 마음 상태와 인품을 드러내는 것임이 틀림없다.

솥의 국 맛은 한 숟가락만 떠먹어봐도 알 수 있다. 굳이 다 마셔봐야 알 수 있는 것은 아니다. 하나를 보면 열을 알고, 열 가지를 그리면 백 가지를 예상할 수 있다. 한 숟가락만으로 국의 맛을 알 수 있듯, 사람은 얼굴만으로 그 마음의 상태를 알 수 있다. 얼굴은 생김새만이 전부가 아니다. 눈빛도 있고, 표정도 있으며, 인상(印象)도 있다. 생김새 자체가 훌륭한 것이 전부가 아니다. 어떤 눈빛과 표정으로 어떤 인생을 나타내는지가 중요하다.

에이브러햄 링컨(Abraham Lincoln, 1809~1865)의 "사람은 40세 정도가 되면 자기 얼굴에 책임을 질 수 있어야 한다"는 말은 유명하다. 얼굴에는 그 사람이 살아온 인생살이가 묻어난다. 또 품성과 성격이 담겨 있다. 경찰은 불심검문을 할 때 차림새가 아니라 인상이나 눈빛을 본다고 한다.

눈빛에 관한 재미있는 실험 결과가 있다. 남녀 학생들의 미팅 장소에서 A 그룹에는 아무런 미션도 주지 않았지만, B 그룹에는 상대가 눈을 몇 번 깜박이는지를 세어보도록 했다. 그런데 상대의 눈을 열심히 쳐다본 B 그룹의 학생들이 상대가 자기를 좋아한다고 착각한 확률이 A 그룹보다 2.5배가 높았다고 한다. 눈을 주시하고 눈빛을 나누면 마음도 나누게 된다. 눈빛은 무언의 말을 한다. 눈빛은 마음 빛이다. 아쉽게도 쌍꺼풀 수술로 눈을 아름답게 할 수는 있어도 눈빛 수술은 불가능하다. 때로는 표정이 열 마디 말보다 강력한 힘이 있을 때가 있다. 그리고 기쁜 표정, 좋은 표정은 주위에 전염이 된다. 반면 화난 표정, 우울한 표정은 상대방을 불편하게 한다.

〈뉴욕타임스〉의 조사에 의하면, 각양각색의 표정 가운데 사람들이 가장 빨리 찾아내는 표정은 화났을 때의 표정이라고 한다. 사람들 속에서 가장 쉽게 눈에 띄는 것은 화난 표정이며, 특히 남성의 화난 표정은 여성의 화난 표정보다 더 두드러진다. 화난 표정은 곧바로 드러난다. 그리고 계속되는 화난 표정은 세월이 쌓이면서 나쁜 인상을 만든다. 못난 이목구비인데도 너그러운 인상(印象)이 있고, 잘난 이목구비인데도 싸늘한 인상(印象)이 있다. 인상은 하루아침에 만들어지지 않고, 하루아침에 바꿀 수도 없다. 오랜 시간 내 눈빛과 표정이 쌓여 내 인상이 되기 때문이다.

그리스도인은 꿈에라도 예수님 뵙기를 원하는 사람들이다.

매 순간, 매일 주님 닮기를 원하는 사람들이다.

온유하고 겸손한 마음으로 예수님을 닮아가자!

2009년 6월 7일

자기성찰과 훈련

　사람들은 일반적으로 남에게 평가받는 것을 두려워한다. 그리고 스스로 자신을 냉정하게 평가하는 것 역시 두려워한다. 그러나 자신의 발전을 위해서는 주기적인 자기 평가가 절대적으로 필요하다. 채근담(菜根譚)에 "자기를 반성하는 사람은 부딪치는 일마다 모두 약이 될 것이요, 남을 원망하는 사람은 움직이는 생각이 모두 창칼이 될 것이다"라는 말이 있다.

　연말을 앞두고 지난 한 해 동안의 자신의 삶을 돌아보는 시간을 가졌으면 한다. 자기성찰은 자신의 내부에 있는 걸림돌을 제거하는 것이다.

　시각 장애를 딛고 에베레스트 등정에 성공한 에릭 웨이헨마이어(Erick Weihenmayer, 1984~)는 인터뷰에서 이렇게 말했다.

　"사람이면 누구나 넘어야 할 마음의 산이 있다. 앞이 보이지 않는다는 것은 분명 장애지만 난 이겨냈다. 하지만 마음의 장애를 이기지 못하고 방황하는 사람이 의외로 많다. 인생의 걸림돌은 외부가 아니라 우리 마음속에 있다. 무엇이 자신의 성공을 가로막고 있는지를 가장 잘 알고 있는 사람은 바로 우리 자신이다."

　결국 중요한 것은 자기 자신의 태도다. 자만에 빠진 사람은 현재 자신의 걸림돌을 발견하지 못한 채 자기만족이라는 함정에서 헤어나지 못한다. 반면 항상 자기성찰을 하는 사람은 자신의 부족함을 알고 한 가지 일에 지루할 정도로 정진한다.

경영학의 대가 피터 드러커(Peter Drucker, 1909~2005) 박사는 다음과 같이 말했다. "세상에서 피아노 건반을 두들기는 것보다 더 지루한 일은 없다. 그러나 명성을 날리고 연주 활동을 많이 하는 피아니스트일수록 더 열심히, 매일매일 하루도 빠뜨리지 않고 연습하지 않으면 안 된다. 피아니스트가 연주 기술을 조금이라도 향상시키기 위해서는 여러 달 동안 같은 악보를 계속 연습해야 한다. 그러고 나서야 비로소 그는 자신이 마음의 귀로 듣게 된 음악적 성과를 얻을 수 있게 된다."

외과 의사가 수술에 필요한 기술을 조금이나마 개선하기 위해서는 여러 날 동안 봉합술을 연습해야 한다. 유능한 외과 의사일수록 더 열심히 틈나는 대로 봉합술을 연마해야 한다. 그것이 결국 그들의 수술 시간을 단축하고, 또 인간의 생명을 구하게 된다.

한 분야에서 달인의 경지에 이른다는 것은 쉬운 일이 아니다. 그렇다고 불가능한 일도 아니다. 꾸준히 지루할 정도로 몰두하면 얼마든지 가능하다. 그러나 대부분의 사람은 그런 꿈을 꾸지 않는다. 아니, 생각해 볼 엄두조차 내지 않는다. 웨이헨마이어가 시각 장애를 딛고 건강한 사람도 오르기 힘든 에베레스트 정상을 밟은 것은 '세계 7대 대륙 최고봉 등정'이라는 큰 생각을 가슴에 품었기 때문이다.

믿음의 사람들은 메뚜기 사고방식에서 벗어나야 한다. 그리고 자기 성찰을 통해 발견한 자신의 부족한 것을 지루할 정도로 반복 훈련해 극복해 내야 한다.

2010년 12월 26일

약함의 축복

진화론자들은 "모든 생물은 강하면 살고, 약하면 죽는다"고 주장한다. 언뜻 보기에는 그럴듯한 말이다. 그러나 지구에 생존하다 멸종한 동물은 모두 강한 동물이다. 지금도 몇몇 동물이 멸종 위기에 있는 것은 그들이 약해서가 아니다. 오히려 단단하면 깨지기 쉽다. 이것이 하나님께서 주신 창조의 질서다.

한없이 부드럽지만 가장 강한 것으로 물을 예로 들 수 있다. 물은 위에서 아래로 흐른다. 그러다 장애물이 있으면 스스로 굽히고 적응하며 흐른다. 물은 부드럽고 약하지만 모여 큰 물줄기를 만들고 줄기차게 흘러 드디어 바다를 이룬다. 약하게 보이던 물이 큰 강을 이루어 범람하면, 그 물 앞에 산도, 집도, 강하게 보이던 모든 것이 무력하게 무너진다. 이것은 생존을 위해 꼭 강해야 하는 것은 아니라는 교훈을 준다.

미국 뉴욕대학교 부속병원 재활센터 벽에 이런 글이 걸려있다.

"나는 가장 많은 복을 받은 사람이다. 큰 일을 이루기 위해 힘을 주십사 하나님께 기도했더니, 겸손함을 배우라고 연약함을 주셨다. 많은 일을 해낼 수 있는 건강을 구했더니, 더 가치 있는 일을 하라고 병을 주셨다. 행복해지고 싶어 부유함을 구했더니, 지혜로워지라고 가난을 주셨다. 세상 사람들의 칭찬을 받고자 성공을 구했더니, 뽐내지 말라고 실패를 주셨다. 삶을 풍성하게 누릴 수 있도록 모든 걸 갖게 해달라고 기도했더니, 모든 걸 누릴 수 있는 삶, 그 자체를 선물로 주셨다. 내가 구한 것은 하나도 주시지 않았지만, 내 소원을 모두 들어주셨다. 그래서 나는 가장 많은 복을 받은 사람이다."

참 축복과 참 행복이 무엇인지를 알 수 있는 글이다.
노자(老子, BC 571~471)는 도덕경에서 이렇게 말한다.

"사람은 태어날 때는 부드럽고 약하게 태어난다. 그러나 죽으면 굳어지고 강해진다. 초목도 살아있을 때는 부드럽고 약하지만 죽으면 말라 부서진다. 그러므로 강한 것은 죽음으로 가는 길이고, 부드럽고 약한 것은 삶으로 가는 길이다. 그런 까닭에 군대가 지나치게 강하면 이기지 못하고, 나무도 강하면 부러지니, 강대한 것은 아래에 있고 부드럽고 연한 것은 위에 있는 것이다."

약육강식의 논리에 따라 강해야 살 수 있다는 생각이 사람들의 마음에 가득하다. 그러나 강하면 죽는 것이 창조의 이치다. 주님은 우리가 약할 때 강함을 주신다. 진정한 강함은 우리의 약함으로 인해 주님이 능력으로 주시는 것에 있다.

그래서 우리는 이렇게 찬양한다.

"약할 때 강함 되시네

나의 보배가 되신 주

주 나의 모든 것

주 안에 있는 보물을

나는 포기할 수 없네

주 나의 모든 것

예수 어린 양 존귀한 이름"

2010년 5월 23일

장애는 아름답다

한 손에 두 개씩 모두 네 개의 손가락을 가진 피아니스트 이희아의 글이다.

"나는 장애를 주신 하나님께 감사한다. 만일 내가 다시 태어난다면 또 지금의 나의 모습, 즉 아주 작은 키와 네 손가락을 가진 모습으로 태어나고 싶다. 나는 지금이 행복하기 때문이다. 나는 손가락이 네 개 있음을 슬퍼해 본 적이 없다. 오히려 네 개를 주신 하나님께 늘 감사했다. 나는 두 발이 없는 것을 슬퍼하지 않는다. 오히려 어디든 달려갈 수 있는 열정과 의지력을 주심에 감사하다. 장애는 극복하는 것이 아니며, 더불어 살 때 다 같이 행복해진다. 미래를 걱정하는 일만큼 어리석은 일은 없다. 지금 주어진 시간이 얼마나 소중한가. 나는 과거에도 현재도 내게 남겨진 부분을 최대한으로 극대화하는 일에 시간을 소중히 사용했다. 지금 주어진 삶을 열심히 살아가는 장애인의 모습은 경이롭도록 아름답다."

인간은 모두 영적인 의미에서 장애를 지니고 태어난다. 또 모두 육체의 장애 가능성을 가지고 살아간다. 언제, 어디서, 어떤 사고를 만나, 어떤 장애를 입을지 모르기 때문이다. 현대사회는 선천적 장애를 지닌 사람보다 후천적 장애를 입고 사는 사람이 훨씬 많다. 그럼에도 사람들은 장애를 입고 사는 사람들에 대해 편견이 있다. 무슨 큰 일을 당한 사람인 것처럼 취급한다.

우리는 사람을 볼 때 그 사람 그대로의 아름다움을 볼 수 있어야 한다. 키가 작으면 작은 대로, 몸집이 크면 큰 대로, 또 각기 얼굴의 생김새대로, 지능의 수준대로 모두 아름다운 것이다. 그런데 사람들은 나름대로 표준을 정해 놓고 그에 맞지 않으면 틀렸다고 한다. 그러나 틀린 것이 아니라 다른 것일 뿐이다.

자신을 귀히 여길 줄 아는 사람만이 다른 사람을 그 모습 그대로 소중히 여길 수 있다. 그래서 장애는 아름다운 것이라고 말할 수 있다. 또 장애를 입고 사는 사람도 자신의 소중함을 알고 자신의 삶을 위해 최선을 다해 열심히 살아가야 한다. 누가 내 인생을 대신 살아줄 수는 없기 때문이다.

성경에서 나면서 맹인 된 사람에 대해 제자들이 '누구의 죄로 인함이냐'고 물었을 때 주님은 이렇게 말씀하셨다. "이 사람이나 그 부모의 죄로 인한 것이 아니라 그에게서 하나님이 하시는 일을 나타내고자 하심이라." 장애는 하나님께서 하시고자 하는 일을 나타내기 위한 능력의 도구다. 하나님은 그것을 통해 하나님의 살아계심을 나타내기를 원하신다. 우리에게 있는 부족함을 하나님께서 채우실 것이다. 그리고 그것으로 하나님은 영광 받기를 원하신다. 오직 하나님께 은혜를 구하자.

2010년 6월 6일

마음에 새기는 '첨단비전2020'

우리는 지난 반세기 동안 이런 노래를 부르며 통일을 기대하고 간절히 소망했다. "우리의 소원은 통일 꿈에도 소원은 통일…" 이렇게 우리는 간절한 마음으로 통일을 꿈꾸며 이 노래를 불렀다. 우리 민족이 복음으로 통일을 이루어 이 마지막 때에 하나님의 제사장 나라로 쓰임 받기를 원한다면, 우리는 이 노래만큼 간절한 마음으로 통일을 염원해야 한다. 그리고 통일은 꼭 이루어져야 하며, 또 꼭 이루어진다는 소망을 가져야 한다.

소원이란 마음속에 자신이 원하는 삶의 이미지를 그리는 것이다. 그래서 비전은 마음에 새기고, 또 새겨야 한다. 비전은 상상이나 공상이 아니다. 그것은 구체적인 그림이다. 패배와 실패의 이미지를 그리는 사람은 실패자의 인생을 살게 된다. 그러나 승리와 성공, 풍요로움, 기쁨, 평화, 행복의 이미지를 떠올리며 사는 사람은 아무리 큰 장애물이 있더라도 그것을 뛰어넘고 반드시 그런 비전을 이루는 인생을 살게 될 것이다.

미국 하버드대학교 윌리엄 제임스(William James, 1842~1910) 교수는 "이루고 싶은 모습을 마음속에 그린 다음, 충분한 시간 동안 그 그림이 사라지지 않게 간직하고 있으면 반드시 그대로 실현된다"고 했다. 그는 이것을 심리학의 하나의 법칙이라고 강조한다. 마음에 그림으로 그려진 꿈은 이루어진다. 마음에 새겨진 비전은 꼭 성취된다. 그러므로 단지 머리로만 공상하는 꿈인지, 아니면 그것을 그림으로 그리는 비전인지에 따라 현실에서 이루어지는지 아닌지가 결정된다고 할 수 있다.

우리 광주첨단교회는 '첨단비전2020'의 비전을 꿈꾸고 있다. 이 꿈은 하나님께서 주신 확실한 비전이다. 이젠 우리가 이것을 그림으로 그려야 한다. 성도들이 함께 이 꿈을 이루기 위해 마음에 새겨야 한다.

그러나 좋은 꿈이라고 모두에게 환영받지는 못한다. 오히려 그 꿈을 무시하거나 위협할 수 있다. 하나님께서 주신 꿈을 형들에게 말했던 요셉이 환영을 받은 것이 아니라 오히려 형들에게 미움을 받아 애굽에 팔리고 죽음에 직면해야 했듯이, 꿈을 가진 사람은 핍박과 고통을 당할 수 있다. 그럼에도 하나님께서 함께하시므로 그는 형통한 삶을 살 것이다.

이젠 하나님께서 주신 꿈이라면 마음에 새기고 그림으로 그리자. 하나님께서 이루어 주실 것이다.

> "너희 안에서 행하시는 이는 하나님이시니 자기의 기쁘신 뜻을 위하여 너희에게 소원을 두고 행하게 하시나니 모든 일을 원망과 시비가 없이 하라"(빌 2:13-14).

2012년 2월 26일

인생의 벼랑 끝에서

　사람은 누구나 인생의 벼랑 끝, 그 끝자락에 설 때가 있다. 아무리 평탄하게 사는 사람일지라도 마지막 죽음의 순간에는 그 자리에 서게 된다. 그러나 믿음의 사람들은 인생의 벼랑 끝에서도 의연하게 살아간다. 그래서 믿음을 가지고 산 사람들이 마지막에 죽음을 맞이하는 모습을 보면 매우 평온할 뿐 아니라, 또 다른 미지의 세계에 대한 소망을 안고 안식의 자리로 나아가는 듯하다. 이런 믿음을 가진 사람들은 이 땅에서 맞이하는 인생의 시련과 고난도 당당하게 맞서 이기며 살아갈 수 있다.

　성경의 인물 중 다니엘만큼 인생에서 큰 위기를 경험한 사람도 없을 것이다. 그러나 그는 인생의 벼랑 끝에서도 하나님을 신뢰했고, 결국 하나님의 손을 통해 구원받았다. 다니엘은 생명이 위협받는 두려운 순간에도 당당하게 다른 날과 다름없이 하나님을 예배하며 하나님 앞에 기도했다. 그가 그릇됨이 없고 아무 허물도 없는 사람이었음은 오히려 그를 시기하고 모함했던 자들을 통해 증명되었다. "이에 총리들과 고관들이 국사에 대하여 다니엘을 고발할 근거를 찾고자 하였으나 아무 근거, 아무 허물도 찾지 못하였으니 이는 그가 충성되어 아무 그릇됨도 없고 아무 허물도 없음이었더라"(단 6:4). 다니엘은 이런 삶을 통해 하나님을 알지 못하는 왕까지도 하나님을 인정하게 한 사람이었다.

그렇다면 그는 왜 사자 굴에 던져져 생명의 위협을 당하는 인생의 벼랑 끝에 서게 되었는가? 오직 믿음을 지키기 위해서였다. 다니엘을 시기한 자들이 그가 여호와 하나님께 기도하는 행위를 당시 페르시아 제국의 왕을 배반하는 행위로 규정지어 그를 궁지로 몰아넣었다. 그러나 페르시아 왕을 배반할지언정 하나님을 배반하지 않기 위해 그는 예루살렘을 향한 창문을 열어 놓고 변함없이 하나님께 기도했다. 그래서 그는 사자 굴에 던져지는 인생의 벼랑 끝에 서게 되었다.

하나님은 하나님의 사람이 인생의 벼랑 끝에 서 있는 모습을 보고만 계시지 않는다. 곧 하나님은 사자 굴에 하늘의 천사를 보내 사자의 입을 막으셨다. 이렇게 기적을 베푸심으로 사자의 입에서 다니엘을 구해주셨다.

하나님은 언제나 하나님의 사람들을 돌보시고 지키신다. 그가 어떤 환경에 처해 있든 구원해 내고 건져내시며, 하늘에서든 땅에서든 그를 위해 기사와 이적을 행하신다.

참으로 하나님은 인생의 벼랑 끝에 선 하나님의 사람들을 구원하신다. 그러므로 지금 우리가 그 자리에 서 있다면 모든 문제를 들고 간절한 마음으로 하나님께 나아가야 한다. 아무런 핑계도 변명도 대지 말고 오직 하나님께 통회하면서 나아가야 한다.

"나 여호와가 말하노라 내 손이 이 모든 것을 지었으므로 그들이 생겼느니라 무릇 마음이 가난하고 심령에 통회하며 내 말을 듣고 떠는 자 그 사람은 내가 돌보려니와"(사 66:2).

2012년 3월 18일

시대를 분별하라

맹인이 맹인을 인도하면 모두에게 재앙을 불러온다. 특히 급변하고 있는 세상에서 하나님 나라의 전초기지와 대사관으로서 세워진 교회의 지도자들에게는 탁월한 분별력이 있어야 한다. 또 성도들도 이 시대를 분별하여 자기의 귀를 즐겁게 하는 스승을 따르는 것이 아니라 참 목자의 음성을 들을 수 있는 귀가 열려야 한다.

그렇다면 급변하는 이 사회에서 우리는 무엇을 보고, 무엇을 분별해야 하는가?

먼저는 현대사회에 만연하고 있는 문화를 볼 줄 알아야 한다. 그리스도인은 세상에만 속한 존재가 아니다. 그러나 세상에서 살면서 선한 영향력을 끼쳐야 하는 사람이다. 그런가 하면 그리스도인은 격변하는 문화의 현장에서 세속화되지 않으면서 생존해야 하는 독특한 존재들이다.

지금은 그 어느 때보다 사람들의 감성에 기반한 대중문화의 영향력이 극대화되고 있다. 이러한 대중문화의 깊은 영향력은 사람들이 스스로 어느 절대적 기준에 머무르는 것을 허용하지 않게 한다.

C. S. 루이스(C. S. Lewis, 1893~1963)는 이렇게 말했다. "나는 태양이 뜨는 것을 믿는 것처럼 기독교를 믿는다. 내가 태양을 보기 때문만이 아니라, 그 태양으로 내가 다른 모든 것을 볼 수 있기 때문이다."

다음으로, 사람을 보는 분별력이 있어야 한다. 인터넷이 사람들의 사고방식을 바꾸어 가고 있다. 이 세대 사람들은 이전 세대 사람들과 전혀 다른 종을 이루고 살고 있다. 인터넷은 사람들의 삶의 양식을 '인터넷 종'으로 완전히 바꾸고 말았다. 사람들이 인터넷에서 웹서핑을 할 때, 한 곳에 머무르는 시간이 약 20~25초에 불과하다고 한다. 이렇게 인터넷 종의 사람들은 사납고, 무정하고, 부패하며, 이기적이고, 잘 모이지 않으려 하며, 돈을 사랑하며 살고 있다. 이럴 때 일수록 그리스도인은 성령님의 충만한 은혜와 감동으로 사람들의 내면 깊은 것까지 읽어낼 수 있는 분별력이 있어야 한다. 이는 사사로운 이익을 위해서가 아니라, 하나님의 자녀로서의 신분에 합당한 삶을 살기 위해서다.

마지막으로 미래를 읽을 수 있어야 한다. 과거에는 기득권을 가진 소수에 의해 이루어지던 변화가 지금은 SNS와 같은 첨단 기술을 통해 네트워크를 형성하는 다중의 시민의 손에 넘어가고 있다. 그러므로 그리스도인은 미래를 읽는 선지자적 통찰력이 필요하다.

그리스도인은 하나님의 마음으로 시대를 바라보고, 하나님의 처방을 선포하며, 하나님의 말씀으로 미래를 이끌고 가야 한다. 그리스도인에게는 사회적 변혁의 흐름을 바르게 해석하고 건강하게 이

끌어 갈 책임이 있다. 무엇보다 하나님의 말씀은 영원히 변치 않는 진리이므로 오직 하나님의 말씀으로 이 세대를 재해석해야 한다.

"너희는 이 세대를 본받지 말고 오직 마음을 새롭게 함으로 변화를 받아 하나님의 선하시고 기뻐하시고 온전하신 뜻이 무엇인지 분별하도록 하라"(롬 12:2).

2012년 3월 25일

격조 있는 조롱

요즘 SNS에 올라오는 내용은 대부분 욕설과 비방과 조롱이다. 그렇게 된 이유 중 하나는 익명성과 편의성 때문이라고 본다. 아무리 그렇더라도 인간이기를 포기하는 쌍스러운 말들과 입에 담아서는 안 될 표현을 보면서 '이 사람의 격(格)이 이 정도구나' 하는 생각이 든다.

스피노자(Benedict de Spinoza, 1632~1675)는 이렇게 말했다. "조롱(irrisio, mockery)이란 우리가 경멸하는 것이 우리가 미워하는 사물 안에 있다고 생각할 때 발생하는 기쁨이다." 예를 들면, 평소에 일을 못한다고 자신을 괴롭히는 직장 상사가 사장에게 무능하다고 질책 당하는 것을 목격하면, 그 사람을 미워하는 마음이 있는 경우 속으로 쾌재를 부르는 것과 같은 감정이 조롱이라는 것이다.

누구든 잘잘못을 떠나 자신이 조롱당하는 것을 치욕으로 생각한다. 조롱당하는 것을 좋아하는 사람은 없다. 그러나 조롱은 우리 주위에 보편화되어 있다. 타인이 조롱을 당할 때 사람들은 속으로 '잘난 척하더니 꼴좋네' 하는 식으로 같이 조롱하면서 그 조롱을 가볍게 넘긴다. 그러나 어떤 경우에도 조롱은 성숙한 인격을 가진 사람이 할 일이 아니다. 그런 의미에서 조크(joke) 같은 농담으로 장난삼아 상대방을 놀리는 것도 삼가야 한다. 비웃음의 조롱은 사탄의 행태 중 하나다. 하나님의 마음은 긍휼과 안타까움이다.

그리고 우리는 혹 조롱을 당할 때 우리 안에 생기는 부정적인 마음을 조금 수준을 높여 품위 있게 표현할 수 있어야 한다. 나는 이것을 '격조 있는 조롱'이라고 말하고 싶다. 예수님은 자신을 조롱하는 무리에게 어떻게 대응하셨는가? 그들에게 욕하지 않으셨다. 예수님은 십자가에 못 박히시면서 이렇게 말씀하셨다. "아버지 저들을 사하여 주옵소서 자기들이 하는 것을 알지 못함이니이다"(눅 23:34). 스데반 집사도 순교를 당하면서 자신을 돌로 치는 자들을 향해 이렇게 말했다. "주 예수여 내 영혼을 받으시옵소서…주여 이 죄를 그들에게 돌리지 마옵소서"(행 7:59-60).

그리스도인은 하나님에게서 영적 DNA를 받은 사람이다. 그러므로 그리스도인은 자기를 욕하는 자를 향해 같이 욕하지 않는다. 자기를 조롱하는 자를 조롱으로 되갚지 않는다. 오직 우리 그리스도인이 할 수 있는 것은 '격조 있는 조롱'이다.

그것은 곧 용서와 축복이다.

2017년 10월 1일

비타민A 결핍증 신앙

어떤 외국인 신학자가 "한국 교회는 비타민A 결핍증에 걸렸다"고 진단했다. 비타민A 결핍증 신앙이란, 'A'가 없는 신앙이다. 즉, 적용(Application)이 없는 신앙생활이다. 성도들이 성경의 내용을 알기만 할 뿐 자신의 삶에는 적용하지 않는다는 것이다. 속된 말로 머리만 커진 신자가 많다는 것이다.

오늘날 교회에서 신앙을 평가하는 기준은 평소의 삶에서 얼마나 선한 영향을 끼치느냐가 아니다. 외적으로 나타나는 업적, 열정, 지식으로 판단하는 경우가 많다.

바울 사도는 장로, 집사 등 직분자를 세울 때 먼저 시험해 보라고 말한다. "이와 같이 집사들도 정중하고 일구이언을 하지 아니하고 술에 인박히지 아니하고 더러운 이를 탐하지 아니하고 깨끗한 양심에 믿음의 비밀을 가진 자라야 할지니 이에 이 사람들을 먼저 시험하여 보고 그 후에 책망할 것이 없으면 집사의 직분을 맡게 할 것이요"(딤전 3:8-10).

인간의 성품 중 지정의(知情意)의 요소를 모두 갖춘 사람을 인격자라고 한다. 성경을 많이 안다는 것은 잘못된 것이 아니다. 신앙에서도 먼저 인지적 요소를 갖추어야 하기에 많이 아는 것은 중요하다. 그래서 성경 공부를 하고, 말씀 훈련을 받는 것이다. 그렇게 배우고 깨달은 말씀을 가슴에 담고 살아야 한다. 그리고 배운 말씀과 가슴에 담은 말씀을 삶으로 실천하며 살아야 한다. 참 신앙의 인격자는 이렇게 사는 사람이다. 사람은 자기도 모르게 본능적으로 행동한다. 그러나 배우고 깨달은 말씀, 가슴에 담은 말씀을 의지적으로 행동으로 옮기며 사는 것이 중요하다.

'인격자'라는 말은 의지적으로 올바르게 사는 사람을 일컫는 말이다. 비타민A 결핍증 신앙은 의지적 삶이 결핍된 신앙을 말한다.

주님은 우리에게 세상에 살면서 이루어야 할 사명을 주셨다. "너희는 세상의 소금이니 소금이 만일 그 맛을 잃으면 무엇으로 짜게 하리요 후에는 아무 쓸데 없어 다만 밖에 버려져 사람에게 밟힐 뿐이니라 너희는 세상의 빛이라 산 위에 있는 동네가 숨겨지지 못할 것이요"(마 5:13-14).

그리스도인이 세상에서 이루어야 할 사명은 소금과 빛의 사명이다. 그리고 그 빛은 착한 행실이다. "이같이 너희 빛이 사람 앞에 비치게 하여 그들로 너희 착한 행실을 보고 하늘에 계신 너희 아버지께 영광을 돌리게 하라"(마 5:16).

세상의 소금과 빛의 사명으로 사는 것은 곧 착하게 사는 것이다. 우리 모두 비타민A 결핍증에서 벗어나 세상에서, 가정에서 하나님 말씀대로 살자.

만나는 모든 사람을 착하게 대하자.

2017년 12월 17일

플루스 울트라(Plus Ultra)

스페인이 1492년까지 통치하고 있었던 지브롤터 해역(Estrecho de Gibraltar)에는 '네 플루스 울트라'(Ne Plus Ultra)라는 세 글자의 라틴어로 된 작은 표지판 하나가 세워져 있었다고 한다. 이것은 영어로 'NO MORE BEYOND', 즉 '이 너머에는 아무것도 없다'는 뜻이다. 그 당시 사람들은 바로 그곳이 지구의 끝이라고 믿었기 때문이다.

그런데 1492년에 콜럼버스(Christopher Columbus, 1451~1506)가 건너편에 아무것도 없다고 생각했던 지구의 끝, 참담한 벼랑만이 기다리고 있다고 생각했던 지구의 끝을 넘어 미지의 새로운 대륙이 있다는 사실을 확인하고 돌아왔다. 그 후 이 표지판은 바뀌었다. 사람들은 이 표지판에서 '네'라는 첫 단어를 뗐다. 이 말은 영어로 '노'(No)라는 뜻이다. 'No'라는 단어가 빠지니 이제는 'MORE BEYOND', 즉 '저 건너편에는 많은 것이 있다! 놀라운 것이 있다!'는 뜻이 되었다.

절망은 생각에서 온다. 생각이 사람의 행동을 제한한다. 반면 생각이 사람을 바꾸기도 한다. 그렇기에 생각을 고정하는 틀이 바뀌지 않으면 삶도 바뀌지 않는다. 그런데 고정관념을 깨는 근본적 변화(Paradigm shift)가 그렇게 쉽지는 않다. 기존에 자신이 가지고 있던 생각과 관념의 틀을 깬다는 것은 말은 쉬울지 모르지만 실제로는 매우 어렵다. 더군다나 나이가 들면 더욱 어렵다. 나이가 들어 변화하지 않으려고 하는 것을 옹고집이라고 부른다. 그런데 이보다 더 큰 문제는 자신은 바뀌려 하지 않고 상대방을 바꾸려 하는 것이다. 그래서 옛말에 "나이 50이 넘은 사람에게는 충고하지 말라. 그러면 원수가 된다"는 말이 생겼는지도 모른다. 나이 든 사람은 대체로 '네 플루스 울트라'(이 너머에는 아무것도 없다)의 고정관념에 사로잡혀 있다.

주님은 말씀하셨다. "할 수 있거든이 무슨 말이냐 믿는 자에게는 능히 하지 못할 일이 없느니라"(막 9:23).

믿음을 통해 갖는 안목과 능력은 나이와 환경을 초월한다. 믿음을 가지면 주님이 가진 생각을 따라 근본적 변화가 쉽게 일어난다. 믿음의 눈으로 세상을 보면 아무리 현실에 어려움이 있더라도 주님 안에서 참된 변화에 대한 기대와 확신을 갖게 된다.

올해도 변화 없이, 기대 없이 살아갈 것인가? 주님은 우리에게 확신을 심어주신다. "올해 너머 언덕의 저편에 무궁한 보화가 숨겨져 있다"고 말씀하신다. 주님은 우리 인생의 언덕 너머 미지의 시간에 많은 보화를 숨겨 두셨다. 불확실의 시간의 언덕 너머를 기대하며 힘차게 나아가자.

2017년 2월 12일

작은 일과 사소한 일

보통 사람들은 작은 일보다는 큰 일을 선호한다. 모든 사람은 작은 것에 대해 콤플렉스가 있다. 그래서 큰 것에 대해 경외감을 가지고 있다. 또 큰 것을 좋아한다. 큰 집, 큰 차, 큰 사람 등 큰 것을 훌륭한 것이라고까지 생각한다. 그래서 뭐든지 일부러 크게 보이려고 꾸미고 과장한다. 과거로부터 우리나라의 이름은 모두 '크다'는 뜻과 '좋다'는 뜻을 가졌다. 대한민국(大韓民國, 큰 나라), 조선(朝鮮, 아침의 깨끗한 나라), 고려(高麗, 높고 아름다운 나라) 등이 그렇다. 그러나 '큰 것'보다는 '중요한 것'이 더 소중한 것이다.

테레사 수녀(Mother Teresa, 1910~1997)는 이렇게 말한다. "작은 일에 충실하십시오. 당신을 키우는 힘은 바로 거기에 있습니다."

모든 사람은 성공하기를 원한다. 그러나 실패하는 사람이 성공하는 사람보다 많다. 왜일까? 업종과 분야마다 다르겠지만 2012년부터 최근까지 5년간의 통계에 의하면, 우리나라의 창업 성공률은 12~15퍼센트 수준이다. 왜 사람들은 성공을 원하면서도 결국 실패하게 될까? 그것은 성공에 이르는 기본을 소홀히 하기 때문이다.

성공에 이르려면 보통 세 가지 기본을 갖추어야 한다고 한다.

첫째, 작은 일에 정성을 쏟아야 한다.

둘째, 기본을 중요하게 여기고 기초를 튼튼히 다져야 한다.

셋째, 먼저 내면을 충실히 다진 후 외적인 것으로 나아가야 한다.

우리는 '빨리빨리문화'에 길들여 있다. 빨리 하는 것이 성공이라고 생각한다. 빨리 하는 것이 비용 절감이라고 생각한다. 빨리 하는 것이 잘하는 것이라고 생각한다. 그러나 "호미로 막을 일을 가래로 막는다"라는 속담이 있듯, 작은 일이 큰 일로 이어지는 시작점이라는 것을 깊이 마음에 새겨야 한다.

눈에 잘 보이지 않는 작은 일들에 대한 관찰, 배려, 실천이 성공과 실패를 가른다. 사소한 일과 작게 보이는 일은 다르다. 사소한 일은 의미 없는 일이다. 이렇게 하든, 저렇게 하든, 어떻게 해도 상관없는 일이다.

사람들은 엇비슷한 재능을 가지고 태어난다. 어떻게 성장하느냐에 따라 재능과 성품이 달라진다. 성공적인 삶을 사는 사람들의 공통적인 특징은 성실함에 있다. 성실함은 작은 일에 최선을 다하는 것이다.

예수님은 이렇게 말씀하셨다. "착하고 충성된 종아 네가 적은 일에 충성하였으매 내가 많은 것을 네게 맡기리니 네 주인의 즐거움에 참여할지어다"(마 25:21).

주어진 삶을 매일매일 성실하게 살아가자.

작은 일에 충실함으로 성공으로 이어지는 길을 닦자.

2017년 3월 26일

영혼을 해치는 세 구멍

우리나라의 기대 수명을 81세로 볼 때, 그때까지 산다면 암 발병률은 36.2퍼센트라고 한다. 80세가 넘으면 10명 중 4명은 암에 걸린다는 통계다. 과거에는 암에 대해 두려움만 있었지만, 지금은 암을 이기고 완치될 수 있다는 마음으로 암을 극복하여 완치되는 확률도 높아졌다.

55년 전 초등학교 시절에 작은할머니가 위암으로 돌아가셨다. 당시 우리 집은 한의원을 했다. 매일 한약을 달여 숟가락으로 입에 떠 넣어 드렸는데, 약을 머금은 채로 세상을 떠나셨다. 그때 그 병명을 반위(反胃, 또는 번위(翻胃))라고 들었다. 아마 위암 말기였던 것 같다. 당시는 이것을 가장 무서운 불치병으로 알고 있었다.

'암'(癌)이란 한자어를 자세히 보면, '병든[病] 음식을 산(山)더미처럼 먹어[口] 생긴 병'이라고 해석할 수 있다. 세 개의 입[口, 구멍]에 음식이 산처럼 쌓이면 암이 된다는 뜻이다. 세 개의 구멍은 목구멍, 콧구멍, 귓구멍이다. 목구멍은 음식을 섭취하는 식이 습관을 의미한다. 콧구멍은 여러 가지 환경의 발암 물질을 호흡하는 구멍이다. 귓구멍은 들리는 말을 통해 스트레스를 받는 구멍이다.

이 세 구멍을 잘 관리하면 암을 줄일 수 있다. 즉, 식탐하지 말고 해로운 것을 섭취하지 말아야 한다. 콧바람을 쐴 수 있는 산천 수목이 우거진 자연으로 나가 하나님께서 주신 자연과 벗하는 시간을 많이 가져야 한다. 우리에게 스트레스가 되는 잡소리나 헛소리를 듣지 않도록 귀를 막아야 한다.

그런데 육체의 암보다 더 괴악한 암은 영혼의 암이다. 요즘 영혼의 잡다한 양식이 넘쳐나고 있다. 순수한 하나님 말씀의 양식이 아닌, 즉석식품같이 손쉽게 얻을 수 있고 영혼의 발암 물질로 가득 찬 정체불명의 영적 불량식품이 손을 뻗기만 하면 어느 곳에나 있다.

하나님은 바울 사도를 통해 우리에게 경고하셨다. "때가 이르리니 사람이 바른 교훈을 받지 아니하며 귀가 가려워서 자기의 사욕을 따를 스승을 많이 두고 또 그 귀를 진리에서 돌이켜 허탄한 이야기를 따르리라"(딤후 4:3-4). 그리고 이사야 선지자의 말처럼 사람들은 양식 아닌 것을 은을 주고 사며(사 55:2), 신성한 하나님의 말씀까지도 이익의 방도로 삼는다(딤전 6:5).

나의 영혼을 해치는 수많은 욕망이 나를 사로잡고 있지는 않은지 한 번쯤 생각해 보자. 우리는 스스로 삼가지 않으면 영적 암에 걸려 신앙을 회복할 수 없을 정도의 상태에 빠질 수 있음을 알아야 한다.

우리 모두 육체와 영혼의 세 가지 구멍을 조심하자.

입, 코, 귀….

2017년 8월 20일

체읍(涕泣)

'체읍'(涕泣)이라는 말을 오랜만에 써본다. '체읍'은 '눈물을 흘리며 슬피 울다'라는 뜻이다. 과거 우리는 "남자는 울면 안 된다. 울려면 속으로 울어라"라고 배웠다. 그래서인지 눈물을 흘리려고 해도 눈물이 잘 나지 않았다.

그러나 요즘은 사방만 둘러봐도 울고 싶다. 예수님을 생각해도, 가정과 자녀들을 생각해도, 성도들을 생각해도, 나라와 우리 민족을 생각해도, 세계 정세를 생각해도 오직 눈물만 나온다.

왜 이런가 생각하다 보니, 60대 중반을 넘어서면서 갱년기로 생긴 우울증인가 싶기도 하다. 그러나 그것만으로는 다 설명할 수 없다. 지난 연말과 올 초에 넓은 호수를 바라보며 목이 아플 정도로 소리를 질러봤다. 그러나 여전히 마음에는 얼어붙은 눈물 덩어리로 가득 채워져 있었다.

사람들이 속으로만 운다. 아직 마음이 녹지 않았기 때문이다. 차디찬 얼음은 물이 되어 흐를 때까지는 고체 덩어리다. 그러므로 눈물을 흘린다는 것은 마음에 엉켜있는 고체 덩어리가 녹기 시작했다는 증거다.

소리 없이 촛농처럼 눈물을 흘리며 우는 것을 헬라어로 '다크리오'(dakryo)라고 한다. 분노에서 치솟는 눈물로 읍소하는 것은 '클라이오'(klaio)라고 한다. 또 눈물을 쏟으며 주먹으로 바닥을 쳐가며 우는 것을 '크라조'(krazo)라고 한다. 이것이 헬라어에 근거한 눈물 3종 세트다.

눈물에 영혼의 찌꺼기를 쏟아내고 싶다. 두 다리를 뻗고 한없이 울고 싶다. 기도실에서 체읍하며, 강단에서 통곡하고 싶다. 그러나 아직 이런 눈물로 표현되지 않은 것을 보니 얼음덩어리가 아직도 덜 녹았나 보다.

성경은 하나님이 눈물에 약하시다는 것을 여러 인물을 통해 소개한다. 다윗은 침상이 젖기까지 울었다. 예레미야는 '눈물의 선지자'라는 별명을 가진 울보 선지자였다. 바울은 가슴을 치며 성도들을 위해 울며 권면했다. "내가 여러 번 너희에게 말하였거니와 이제도 눈물을 흘리며 말하노니"(빌 3:18).

눈물은 하늘 문을 여는 열쇠다. 그런데 성도들의 눈에 눈물이 말라버렸다. 예수님의 피가 말랐기 때문이다. 그래서 눈물도 말랐다. 감동이 없다. 피도 눈물도 모두 없어져 버렸다.

주님은 말씀하셨다. "예루살렘의 딸들아 나를 위하여 울지 말고 너희와 너희 자녀를 위하여 울라"(눅 23:28). 바울 사도는 '우는 자들과 함께 울라'고 말한다.

울자, 함께 울자. 가슴을 풀어헤치고 두 다리 뻗고 한없이 울자.

하늘 문이 열리기까지 통곡하며 울자.

2018년 1월 14일

칭찬의 처세

　나는 어떤 사람이 강의 중 출세하려면 아부하라고 말하는 것을 듣고 의아하게 생각했다. 아부를 긍정적인 시각으로 설명했기에 더욱 충격을 받았다. 그 강의의 요지는 이런 것이었다. '아부를 부정적으로만 보지 말고, 상대를 지극히 높여주는 태도로 생각하자. 우리는 자존심을 앞세우기에 아부할 줄을 모른다. 상대의 감정과 상황, 기분에는 별로 관심이 없고, 자신의 입장과 감정만 내세우며 자기가 할 말만 한다. 현대인들은 타인에 대한 배려가 부족하니 아부라도 해서 타인을 배려하며 감동시키자.'

　프랑스 사상가 라로슈푸코(Francois de La Rochefoucauld, 1613~1680)는 "사람은 칭찬을 받으면 그 값을 하려는 마음에 자신의 장점을 더 키우려 노력하고, 재치나 용기 또는 외모에 대해 칭찬받으면 이를 더 발전시키려고 노력한다"고 말했다.

　사람은 누구나 칭찬받는 것을 좋아한다. 자녀는 부모에게, 부모는 자녀에게 칭찬받기를 원한다. 성도는 목회자에게, 목회자는 성도에게 칭찬받기를 원한다. 직원은 사장에게, 사장은 직원에게 칭찬받기를 원한다. 그래서 '칭찬은 고래도 춤추게 한다'는 말도 있다. 이것은 모든 생명체의 본능이다.

그러나 칭찬과 아부를 구별하는 것은 매우 어렵다. 따라서 칭찬받는 것을 두려워할 줄 알아야 진정한 리더라고 할 수 있다. 사람들은 가진 자에게 아부한다. 권력 앞에 아부한다. 그래서 칭찬을 가장하여 아부하기 마련이다.

리더는 칭찬보다 직언 듣기를 더 좋아해야 한다. 우리의 불행은 여기에 있다. 자신의 입장을 지지해 주는 사람을 충직한 사람이라고 생각하고, 직언하는 사람을 괘씸하게 생각하기에 충직한 사람들이 곁을 떠난다.

순자[荀子, BC 298?~238?, 조(趙)나라의 사상가]는 자기에게 아부하는 자는 자기의 원수라고 했다. 아우구스티누스(Aurelius Augustinus, 396~430, 히포의 주교)는 "아첨하는 자의 혀는 살인자의 손보다 매섭다"고 말하면서 아부를 경계했다.

아부를 칭찬으로 가장하지 말고, 칭찬을 아부처럼 바꾸어서라도 상대를 높여주자.

자신의 이익을 얻으려고 아부하지 말고, 서로 간의 아름다운 관계를 위해 칭찬을 아부처럼이라도 하자.

2018년 8월 19일

사이좋은 사이

　사람은 모두 관계 속에서 살아간다. 태어날 때부터 관계가 시작된다. 출생과 성장 과정에서 부모와 가족 간의 관계가 형성된다. 그러다 점차 유치원과 학교에 다니면서 인간관계의 폭이 넓어진다.
　이러한 인간관계는 그 사람의 삶을 말해주는 중요한 것이기에, 상담이나 사회복지 분야에서는 대상자(client)를 초기 면담할 때 첫 번째 단계로 가계도를 그리게 한다. 부모가 모두 생존해 있는지, 혹 편부모라면 이혼했는지 아니면 사망했는지, 형제는 몇이며 그중 몇째인지, 조부모는 생존해 있는지, 결혼은 했는지 등을 조사하여 어떤 인간관계 속에서 살아왔는지를 파악한다. 대상자의 가족관계가 지금의 삶에 큰 영향을 미치기 때문이다.
　어떤 사람과 관계가 좋은 것을 '사이가 좋다'고 표현한다. 좋은 관계, 즉 사람과의 사이를 좋게 만들려면 적절한 사이를 가져야 한다. 가까운 사이일수록 적당한 사이를 지켜야 좋은 관계를 유지할 수 있다.
　사랑하는 사람끼리도 적당히 서로의 숨결을 들숨, 날숨으로 느낄 수 있는 사이를 두어야 한다. 숨 쉴 수 있는 사이를 갖지 못하면 질식하기 때문이다. 너무 가까워 숨 쉴 틈을 주지 않을 정도가 되는 것을 '집착'이라고 한다.

칼릴 지브란(Kahlil Gibran, 1883~1931)은 이렇게 말했다. "하늘의 바람이 그대들 사이로 춤출 수 있도록 서로 사랑하라. 사랑하라. 그러나 사랑이란 이름으로 구속하지 말라. 마치 거문고의 줄이 같은 음악을 따라 움직이면서도 혼자 있는 것과 같이, 너의 마음을 상대방에게 주되 상대방이 소유하지 않게 하라. 서로 가슴을 주라. 그러나 서로의 가슴 속에 묶지는 말라."

사람은 누구나 자기에게 중요하게 보이는 것은 자신만 소유하고 싶어 한다. 특히 사랑하는 상대를 독차지하려는 마음이 그렇다. 그래서 상대에게 집착하게 된다. 그리고 그것을 참사랑이라고 착각하여 더욱 상대방을 옭아맨다.

사랑은 기다려주는 것이다. 긴 끈으로 서로를 묶어 한껏 자유를 주며 만끽하게 하는 것이 진짜 사랑의 방법이다.

주님은 우리를 그렇게 사랑하신다. 성경에서 탕자를 내보내는 아버지의 모습이 그렇다. 하나님은 이스라엘을 그렇게 인도하셨다. 우리도 사람들과 좋은 관계를 유지하려면 그들과 적당한 사이를 두어야 한다. 사이가 너무 벌어져도 안 된다. 그렇다고 너무 꼭 붙어있어 질식하게 해서도 안 된다.

좋은 사이가 되려면 사이가 좋아야 한다.

2018년 9월 9일

영적 도파민 중독

　도파민은 행복 호르몬이라고 불리며, 인간의 감성에 좋은 호르몬으로 알려져 있다. 도파민이 분비되면 성취감과 보상감, 쾌락의 감정을 느끼게 되고, 인체가 흥분되어 살아갈 의욕이 생긴다. 이와 함께 두뇌 활동도 활발해져 학습 능력이 높아지고 인내나 끈기 등도 생성된다.

　도파민은 좋아하는 음식을 먹거나, 멋진 옷을 입거나, 갖고 싶었던 물건을 구매할 때 분비된다. 또 여행할 때, 목표를 달성했을 때, 좋은 음악을 들을 때도 도파민 분비가 증가한다. 그뿐 아니라 포르노, 술, 담배, 도박, 마약 등도 도파민 분비를 촉진한다. 도파민은 세로토닌과 함께 삶의 질에 큰 영향을 미치는 호르몬이다.

　도파민은 20세 전후에 최대로 분비되고, 점차 분비량이 줄어 노년에는 50퍼센트까지 감소한다. 감정조절 부문에서 도파민이 결핍되면 무엇을 해도 금방 질리고 쉽게 귀찮아지며 흥미를 느끼지 못한다. 반면 도파민이 과도하게 분비될 경우 식욕부진, 수면장애, 극도의 긴장 상태, 강박증, 조현병, 과대망상 등과 같은 현상이 일어난다. 특히 평소에 이빨을 가는 이상 증상을 일으키는데 이를 '메스 마우스'(meth mouth, 필로폰 중독 현상)라고 한다. 도파민의 과다분비로 내성이 생기면서 뇌의 정상적인 보상회로가 망가져 일어나는 현상이다.

이렇게 도파민이 과다 분비되면 더 빠르고 더 강렬한 자극에만 반응하게 된다. 그러면 일상적인 활동에서 느끼는 쾌감이 줄어들어 우울증이나 불안장애로까지 이어진다.

간혹 왜 사람들이 이단과 같은 비정상적인 종교에 빠지느냐고 질문하는데, 이는 종교적 판타지의 영적 도파민 중독 현상으로밖에 해석되지 않는다. 즉, 사탄의 도파민 마력(魔力) 때문이다. 마약이 일시적으로 도파민 분비를 늘려 행복감을 주는 것 같지만 곧 의존증이 발생하여 중독 현상이 생겨나듯, 비정상적인 종교적 판타지를 갈구하는 이단을 추종하는 것도 마찬가지다. 마약 투약 후 극도의 허탈감이나 피곤함이 찾아와 또다시 이를 찾게 되듯, 비정상적인 영적 도파민에 중독되면 거기서 벗어날 수 없다. 그런데 이런 것들은 중독성이 강해 더 강한 자극과 체험이 있어야 만족할 수 있다. 결국 항상성(恒常性)의 평안함이나 만족을 누리지 못하는 비정상적인 상태에 이르게 된다.

하나님은 엘리야를 하나님의 산 호렙으로 인도하신 후에 산과 바위를 가르는 바람 가운데서도, 지진 가운데서도, 불 가운데서도 말씀하지 않으시고, 미세한 소리 가운데서 말씀하셨다.

이 사실을 잊지 말자. 잠잠하게 들려오는 말씀에 귀를 기울이자. "오직 말씀과 기도로 거룩하여짐이라."

2024년 11월 24일

열때감

모든 물품에는 사용 설명서가 첨부되어 있다. 물품을 잘 사용하려면 이 사용 설명서를 자세히 살펴보아야 한다. 그러나 대부분 자세히 살펴보지 않는다. 비싼 새 차를 구입해 놓고 옵션이 있는 것을 파악하지 못한 채 운행하는 경우가 허다하다. 이 얼마나 어리석은 일인가?

인생도 마찬가지다. 하나님의 형상대로 창조된 인간이 인생 사용 설명서를 살펴보지 않고 인생을 다 산 후에 '그게 인생이었어?' 하는 경우가 많다. 그중 대표적인 것이 열등감이다.

'열폭'이라는 신조어가 있다. '열등감 폭발'이라는 뜻으로, 열등감 때문에 터지는 화와 분노 등을 표현하는 말이다. 요즘 열등감을 가진 사람이 많다. 그러나 열등감이 무조건 나쁜 것인가? 오히려 자신의 열등감을 인정하는 사람이 건강한 사람이다. 그러나 열등감에 시달리면서도 정작 자신의 말과 행동이 열등감에 의한 것인지 모르고 사는 사람이 많다.

열등감이 무엇인가? 열등감이란 다른 사람과 비교해 의식적이든,

무의식적이든 자기를 무능력하고 무가치한 존재로 여기며 자기를 부정하는 마음이다.

아들러(A. Adler, 1870~1937)는 "인간은 열등한 존재로 태어났기 때문에 신이 아닌 인간이다"라고 했다. 아들러 심리학의 기본 전제는, 인간이 목표를 추구하며 살아가는 이유가 열등감 때문이라는 것이다.

열등감에는 크게 세 종류가 있다. 신체적 열등감(외모, 체력 등), 심리적 열등감(지적, 성격적), 사회적 열등감(가족, 생활 수준, 소속집단의 조건)이 그것이다.

인간에게 열등감은 축복이다. 열등감이 열등한 상황을 극복하는 계기가 되기 때문이다. 열등감은 잠재력을 끌어내는 자극제와 촉진제 역할을 한다. 그러나 열등감이 부작용으로 나타나면 대인기피와 외로움의 증상이 나타나고 자기중심적인 이기적인 존재가 된다.

열등감은 자신을 보호하려는 1차적 열등감과 자신의 한계를 정하는 2차적 열등감으로 분류된다. 이 중 2차적 열등감을 가지면 계속되는 실패의 원인을 자신에게서만 찾는다. 그리고 열등감 콤플렉스에 빠져 모든 일에 소극적인 태도를 갖고 자포자기하게 된다. 이처럼 모든 실패가 자신이 열등하기 때문이라고 생각하는 마음을 '열패감'이라고 부른다.

어떤 연구소 그룹에서 7일 동안 프로젝트를 준비했다. 그리고 같은 과제를 생성형 인공지능(Generative AI)에 맡겨 단시간에 얻은 결과가 자신들이 날밤을 새워 연구한 것을 훨씬 뛰어넘는다는 사실을 발견했다. 그들은 이렇게 말했다. "우리가 인공지능에 졌다." 그들은 인공지능에 열패감을 가졌다. 그리고 일의 의욕을 잃었다.

그러나 인공지능은 기계다. 사람과 다르게 피곤함을 느끼지 않는다. 또 데이터 출력이 빠르다. 그래서 인공지능의 성과가 좋았던 것이다. 결코 인간이 열등해서가 아니다.

실패의 원인을 자신이 열등하기 때문이라고만 생각하는 어리석은 마음, 열패감에서 벗어나자!

2025년 2월 9일

질 나쁜 인격

 사람의 타고난 성격은 바뀌지 않고, 또 바꿀 수도 없다고 심리학자들은 말한다. 성격은 좋고 나쁨의 문제가 아니다. 그렇기에 타고난 성격을 좋은 성품이 되도록 노력하고 훈련해야 한다. 즉, 인품을 갖추고 좋은 성품을 가진 인격자로 성장하기 위해 부단히 힘써야 한다. 이에 모든 교육의 최우선 목표는 인성을 계발하여 품성 좋은 인격을 갖도록 훈련하는 데 두어야 한다.

 그러나 우리 현실은 그렇지 못해 가슴이 아프다. 질 나쁜 인격을 가진 사람이 세상에 널렸다. 질 나쁜 인격이란 '~질'을 하는 것이다. '질'은 우리말에서 접미사로, 반복되는 행위를 나타낼 때 사용한다. 곧 선생질, 의사질 등 직업을 나타내며, 또는 '도적질'과 같이 행위를 비하할 때도 쓰인다.

 질 나쁜 인격의 대표적인 네 가지는 자랑질, 이간질, 지적질, 갑질이다.

 자랑질은 자기만족의 덫에 걸린 사람이 가진 우월감에서 나온다. 자신이 성취한 결과나 가진 재능에 대한 우월감을 과시하는 행동이다. 자랑질은 교만함의 극치로 모든 사람과의 관계를 해치는 원인이 된다. 그리고 상대에게 상처를 주는 악질적인 품성이다.

이간질은 사람 사이에 불신을 심고 불화를 조장하는 것이다. 타인의 부정적인 것을 지속적으로 말함으로 자신만 높아지고자 하는 이기적이고 교만한 마음에서 나오는 행위다.

지적질은 타인의 실수나 부족함을 과도하게 지적하는 것이다. 이는 상대의 자존감을 해치며 큰 상처를 준다. 묻지도 않은 일에 '나니 되니 말해주는 거야!' 하면서 조언하듯 던지는 말은 상대를 위하는 척하면서 은근히 얕잡아 보는 것이다. 지적질 역시 인간관계를 단절시키는 주요 원인이 된다.

갑질은 자기가 가진 힘을 남용하는 것으로 타인을 억압하는 행위다. 사람들은 나이가 많거나 지위가 높으면 스스로 권위를 드러낸다. 그 권위로 위계질서를 강조하며 자신을 존중하도록 강요하는 것이 갑질이다.

우리는 자신도 모르게 '~질'하는 것에 길들여 있다. 질 나쁜 인격을 스스로 만들고 있는 것이다. 한평생 성품 좋은 인격자로 산다는 것이 쉬운 일은 아니다. 그렇다고 불가능한 일도 아니다.

인생의 품격은 나이에서 비롯되는 것이 아니다. 지위와 부에서 오는 것도 아니다. 이런 '~질'을 하는 말과 행동을 반복하면 질 나쁜 인간이 된다. 누구도 이런 질 나쁜 인격의 사람과는 함께하려 하지 않는다. 그래서 스스로 고립의 울타리에 갇히게 된다.

하나님은 이런 질 나쁜 인격을 가진 자를 대적하신다.

하나님은 이런 자를 '입틀막'(입을 틀어막음) 하신다.

2025년 6월 22일

개인독립만세!

인간관계는 인생의 행복한 삶을 위해서 가장 중요한 요소다. 관계 속에서 살도록 창조된 인간은 만남이 없으면 외롭다. 외로우면 행복하지 못하다.

그래서 하나님은 아담이 독처하는 것이 좋지 않아 돕는 배필로 하와를 주셨다. 가정은 만남과 행복의 보금자리다. 인생은 부모와 첫 만남을 시작하여 가족의 품에서 세상을 떠난다. 가정의 불행은 개인의 불행으로 이어지며, 가족 관계에 다라 인생의 행·불행이 좌우된다. '가정 같은 교회'를 외치는 이유도 공교회의 화합을 통해 성도에게 참 행복을 주기 위함이다.

만날수록 괴로운 만남이 있다. 만남을 지속하기도, 헤어지지도 못하는 경우가 있다. 이런 괴로움은 외로움보다 훨씬 더 심한 고통을 준다. 외로움이 병이라면, 괴로움은 중병이다. 그런 의미에서 괴롭힘은 인간관계에서 가장 악한 것이다. 괴로움을 주는 만남은 두 가지다. 내가 만나는 것이 부담스럽고 싫은데 집요하게 만남을 강요당하는 스토킹이 있다. 또 하나는 힘에 의해 강요당하여 헤어나지 못하고 의존적 관계로 빠져든 가스라이팅(gaslighting)이다.

고난주간에 주님이 십자가에서 외치신 가상칠언을 묵상한다.
"엘리 엘리 라마 사박다니."
이 외침은 영혼까지 버림받으신 가장 처절한 외로움과 괴로움의 절규이셨다. 주님은 그것을 피하지 않으셨다. 외로움과 괴로움을 동시에 겪으신 것이다.

심리학자들은 외로움을 잘 이겨내는 사람이 참 인격자라고 한다. 주님과 동행하며 외롭지 않게 사는 그리스인들은 참 신앙인이요, 참 인격자다. 그러나 괴로움은 자신의 힘만으로는 극복할 수 없다. 늪에 빠진 사람이 그 늪에서 빠져나오려고 발버둥을 치면 칠수록 더 깊이 빠지는 것과 같은 이치다. 외부의 더 큰 힘으로 끌어내야 빠져나올 수 있다. 그래서 주님이 이 땅에 오셨다.

"수고하고 무거운 짐 진 자들아 다 내게로 오라 내가 너희를 쉬게 하리라"(마 11:28).

그러나 스토킹(stalking)이나 가스라이팅(gaslighting)에서 빠져나오는 방법은 스스로 '괴롭히는 사람을 피하는 길'밖에 없다. 만나서 괴로운 사람을 계속 보고 사는 것보다는 홀로 사는 것이 낫다고 성경은 말씀한다.

"다투는 여인과 함께 큰 집에서 사는 것보다 움막에서 혼자 사는 것이 나으니라"(잠 25:24).

요즘 '개인독립만세'를 부르는 중년이 늘어나고 있다. 그래서 중년 아내들의 버킷리스트에는 '황혼이혼'이 상위에 랭크되어 있고, 50·60대 남편은 '나는 자연인이다'라는 TV 프로그램에 등장하는 인물을 동경한다고 한다.

'개인독립만세!'
씁쓸하다.
이것이 차선이지만 그래야 한다면 그럴 수밖에 없지 않은가?
'개인독립만세'가 아닌 함께 있어도 괴롭지 않는 '우리독립만세'를 불러야 하지 않을까?

2022년 4월 10일

동역자들과 성도들의 소감문

　임동헌 목사님의 글에서는 늘 고난을 통해 체득한 삶의 깊이를 맛볼 수 있습니다. 다양한 분야의 독서가 녹아 들어간 글을 책으로 발간하게 됨을 진심으로 축하합니다.

목양교회 | 황성수 목사

　그동안 깊은 사고로 심혈을 기울여 쓴 글을 매주 보내주셔서, 스스로를 돌아보며 반성도 하고 마음의 양식도 쌓을 수 있었습니다. 이제 이렇게 글로나마 감사의 마음을 전합니다. 늘 건강하시고, 하나님께 인정받고 사랑받는 인생이 되시기를 간절히 기원합니다.

산돌교회 | 이돈진 장로

　그동안 목사님의 칼럼을 통해 큰 감동을 받았습니다. 그것을 모아 책으로 발간하신다니 반갑고 기대가 됩니다.

중흥교회 | 황영철 장로

　그동안 쓰신 귀한 칼럼을 책으로 발간하신다니 크게 기대가 됩니다. 그리고 축하합니다.

곡성입면제일교회 | 한광희 목사

2025년 3월 2일 자 '머슴살이'라는 제목의 칼럼이 생각납니다. 글을 읽으며 나는 진정 주님의 머슴으로 살고 있는지 돌아봤습니다. 가끔 내가 주인인 줄 착각하기에….

한우리교회 | 김기범 목사

　공의가 무너지고 있는 우리 사회, 그리고 가장 하나님의 공의를 실현해야 할 기독교 공동체마저 무너지고 있는 현실을 보면서, 매주 목사님께서 보내주신 칼럼을 통해 많은 교훈과 지혜와 위로를 얻었습니다. 그 귀한 칼럼을 책으로 남기신다니 응원과 박수를 보냅니다.

낙원교회 | 이종주 장로

　매주 토요일에 받아보던 목사님의 칼럼에는 큰 힘이 있었습니다. 또 시의적절한 내용은 마치 가뭄의 단비와 같았습니다. 항상 감사드립니다.

야베스교회 | 김명구 목사

2023년 4월 23일 자 '역경 지수'란 목회 칼럼을 보면서, 세상을 살아가는 우리에게 가장 필요한 능력은 지력, 심력, 영력인데, 그에 더하여 실력 발휘를 잘하는 것이 이해력이고, 이것을 뛰어넘는 것이 역경 지수임을 깨달은 것이 제 삶에 큰 힘이 되었습니다. 감사합니다.

광주첨단교회 | 강명화 권사

목사님의 목회 칼럼은 저에게 신앙생활의 빛이었고, 가정에서는 보물이었으며, 교직 생활에서는 나침반이었습니다. 또 영혼 구원과 삶의 지혜를 선물해 준 하나님의 은혜이자 축복이었습니다. 하나님 말씀을 삶으로 풀어내시고, 삶을 하나님 말씀으로 인도해 주셔서 감사드립니다.

광주첨단교회 | 최정윤 집사(숭덕고 교장)

매주 읽고 지나치는 목회 칼럼이지만, 항상 읽을 때마다 어느 한 편도 부족함 없이 은혜가 되고 삶의 작은 지식이 되었던 것 같습니다. 개인적인 생각에 800여 편 중 90~100편만 편집하여 출간하는 것은 너무 양이 적은 것 같습니다. 150편 정도가 어떨까요? 이제 곧 편집되어 출간될 책을 생각하니 큰 감동이 밀려옵니다.

광주첨단교회 | 정봉순 권사

바쁘신 중에도 주옥같은 목회 칼럼을 쓰시는 목사님의 열정에 박수를 보냅니다. 매주 한 주간의 사회적 이슈나 교회 절기에 대해 새로운 폭넓은 지식과 영적인 통찰을 전해주셔서 다시 한번 그런 주제에 대해 생각해 보곤 했습니다. 저는 개인적으로 글 마지막에 쓰시는 신앙적 결론인 '하나님은 아신다' '하나님을 의지하자' '하나님께 맡기자' '기도하자' '~ 살자'라는 말이 언제나 힘이 되었습니다. 이 소감문을 쓰며 올해 칼럼들을 다시 읽어 보는 좋은 계기도 되었습니다. 항상 주님의 사랑과 은혜 안에 강건하시길 기도합니다. 목사님, 힘내세요.

광주첨단교회 | 신복순 권사

목사님께서 2020년 12월 27일에 쓰신 '하나님과 비대면'이라는 제목의 칼럼을 읽고, 코로나 3차 대유행이 꺾이지 않자 정부에서 종교의식을 비대면으로 바꾸도록 행정명령을 내려 예배를 비대면으로 전환했던 게 너무나 아쉽고 안타까웠습니다. 예배의 비대면이 하나님과의 비대면이 되었다는 마음에 안타까움이 더했습니다.

광주첨단교회 | 노기환 장로

나는
머슴으로
살고 싶었다

1판 1쇄 인쇄 _ 2025년 9월 30일
1판 1쇄 발행 _ 2025년 10월 4일

지은이 _ 임동헌
펴낸이 _ 이형규
펴낸곳 _ 쿰란출판사

주소 _ 서울특별시 종로구 이화장길 6
편집부 _ 745-1007, 745-1301~2, 747-1212, 743-1300
영업부 _ 747-1004, FAX 745-8490
본사평생전화번호 _ 0502-756-1004
홈페이지 _ http://www.qumran.co.kr
E-mail _ qrbooks@daum.net / qrbooks@gmail.com
한글인터넷주소 _ 쿰란, 쿰란출판사
페이스북 _ www.facebook.com/qumranpeople
인스타그램 _ www.instagram.com/qrbooks
등록 _ 제1-670호(1988.2.27)
책임교열 _ 이주련 · 최은샘

ⓒ 임동헌 2025 ISBN 979-11-24031-12-0 03230

책값은 뒤표지에 있습니다.
이 출판물은 저작권법에 의해 보호를 받는 저작물이므로 무단 복제할 수 없습니다.
파본(破本)은 구입처에서 교환해 드립니다.